はじめに

私は今まで、トレーニング論やコーチング論などの野球にかかわるさまざまな書籍を出版してきました。

そのいずれもが子供から大人までの野球選手や、監督やコーチを対象にしたもので、「野球にかかわっている」あるいは「野球をある程度知っている」人たちに向けての本でした。

しかし今回、竹書房さんから「野球少年（少女）の保護者に向けた本を出しませんか」とお話をいただきました。

それも「野球をよく知らないお母さんでも、子供にアドバイスしてあげられる、サポートしてあげられるような内容」にしたいとのこと。これは私にとってもかつてない、まったく新しいチャレンジになります。

野球人口が減少していると言われる昨今、その裾野である少年野球の人口を増やしていくことは何よりも重要で、そのためには今回企画提案されたような本が必要であると私はいつも感じていました。

少年野球チームの練習は通常、土・日曜と祝日だけですが、保護者のみなさんは毎日、お子さんと接しているわけです。

チームの指導者より圧倒的に接する時間が長いのですから、お父さん、お母さんが子供への接し方をちょっと変えるだけで、お子さんの〝やる気〟と〝能力〟は今まで以上に伸びていくはずです。

そこで本書では、

「子供に野球を好きになってもらうにはどうしたらいいのか」

といった基本的な問題から、

「試合に負けて泣いている子供とどのように接したらいいのか」

「やる気をなくしている子供にどんな言葉をかければいいのか」

といったメンタル的な部分にも焦点を当てています。

ご家庭でお父さん、お母さんがお子さんをしっかりとサポートできるようなテーマもふんだんに取り入れ、なおかつチームでは教えてくれないような大切な話も述べさせていただきました。

「ひとりでも多くの子供に野球を大好きになってほしい」

私の願いはそれだけです。そのために、子供の一番身近にいる保護者のみなさんは何をすればいいのか。それを本書にまとめさせていただきました。

日常のふれあいの中で、野球をあまり知らない親御さんでもお子さんに簡単にできるアドバイスが満載です。

親子で、大いに野球を楽しんでください。そして、この本がその一助となれるのであれば、著者としてこれほどうれしいことはありません。

野球少年のやる気と能力を
最大限に引き出す
魔法のアドバイス

目次

第1章

親子で一緒になって、野球を楽しもう！

❹ グラウンドの内では〝厳しく〟、外では〝やさしい〟

第2章

子供のやる気を引き出し、強い心をはぐくもう！

第3章

こんな時、こんな子にはこうアドバイスしよう！

シーン別 声のかけ方

タイプ別 声のかけ方

第4章

可愛い我が子のケガを防ぐために、身体を強くしよう！

第5章

ワンポイントアドバイスで、能力アップをサポートしよう！

第6章

野球少年たちの将来のために、まずは大人が変わろう！

第1章

親子で一緒になって、野球を楽しもう！

親は熱すぎず、冷たすぎず、夫婦でバランスを取って

子供に野球がうまくなってほしいと願うのは、親として当然の心情でしょう。しかし、親が熱心すぎるあまり、逆に子供が冷めていってしまうケースを私は今までに何度となく見てきました。

私の経験から言うと、「息子には甲子園に行ってほしい」「強豪校に進み、将来はプロ野球選手に」そんなふうに強く願っている親の子供ほど、野球を煙たがったり、熱が冷めたりして野球から離れていってしまう傾向が強いように感じます。

親の夢を無理に子供に押しつけるようなやり方をしても、子供は反発するだけです。**無理に野球を押しつけるくらいなら、親自身が草野球などを楽しみ、その楽しんでいる姿を子供に見せたほうがよほど子供は野球に興味を持つと思います。**

私の息子は、現在ある大学の硬式野球部に在籍していますが、私は息子自身の口から「野球がしたい」と言ってもらえるように、彼が幼いころから遊びを通じて野球を楽しんできました。

ですから、息子に「野球をやれ」と強制したことは一度もありません。少年野球チーム選びにしても何チームか見学に行き、どのチームに入るかは息子に決めさせました。

とはいえ、とくに父親というものはどうしても子供に対して〝熱く〟なってしまうものです。父親自身が野球に強い思い入れがあれば、なおさらのこと。父親としてのその熱い思いは、私も痛いほどわかります。

でも、父親はそんな熱い気持ちを抑えて、子供が野球を大好きになるように、自発的に野球に取り組んでいくように持っていくことが大切です。

父親が熱くなりがちなタイプであれば、それをうまくフォローする母親の役割も重要です。**父が熱ければ、母は冷静に。そして子供が熱くなりすぎれば冷まし、冷たすぎれば温めてあげる。**お母さんたちには、ご家庭内でのそのようなフォロ

なんであんな
ボール球
振るんだ！
ボールを
よく見なさい！！
ガミ
ガミ
しゅん…
BAD
なんであんな
ボール球
振るんだ！
GOOD
しゅん…
気にしないで！
いいスイング
してたよ！！

ーをお願いしたいと思います。

息子が少年野球をしていたころ、私自身「ちょっと言いすぎたかな」と思った時は妻にすぐそのフォローをお願いしていました。

夫婦がともに子供の野球で熱くなってはダメです。どちらか一方が熱ければ、どちらかが冷ます。そういったバランスを取っていくことが大切なのです。

付かず離れず、親子の適度な距離感を保とう

「レギュラーになってくれるといいな」

「ヒットを打ってくれるといいな」

そんなふうに親が子供に期待を抱いてしまう気持ちは私もよくわかります。

しかし、**大人が子供に何気なく発した言葉、あるいはふるまいによって子供に**

いらないプレッシャーを与えてしまうことがよくあります。

私の息子が少年野球を始めたころは、ちょうど私がプロ野球のコーチ業から離れていたこともあり、わりと子供と接する機会が多くありました。

ただ、息子の所属するチームの指導には一切かかわらず、練習や試合も遠目に見守る程度にしていました。

息子に変なプレッシャーを与えたくないという、私なりの気づかいだったのですが、それでもやはり息子にとっては「プロ野球のコーチの息子」というプレッシャーが常にあったようです。

息子が高校野球部の練習で帰宅が遅くなった時のことです。深夜12時くらい、息子は風呂上がりにリビングでストレッチをしています。私はそれを見て「ストレッチなんかいいから、早く寝ればいいのに」と思いました。

「なんでそんなにストレッチにこだわるんだろう？」

私はハッとしました。息子が小学生のころ、私は息子にもチームの選手たちにも「風呂上がりのストレッチはとても大切だよ」と言い続けていました。指導らしい指導をしたことはありませんが、プロのコンディショニングコーチということもあって「ストレッチの重要性」だけはみんなに話していたのです。そして息子は、その教えを頑なに守っていたのです。

過度な期待、過度な応援、そういった〝いきすぎた〟行為や思いすべてが子供にとってのプレッシャーになります。

かといってまったく構わなければ「お父さん、お母さんは僕に無関心なんだな」と、子供のやる気を削いでしまうことにもなりかねません。

大切なのは、付かず離れずの距離感をうまく保っていくことです。中学、高校ともなれば、親に反発する子供も出てくるでしょう。

でも、そんな時でも適度な距離の関係性を保っていくことが大切なのです。

子供を大の野球好きにする
――親子でストラックアウト

我が家では、息子が小学校に上がる前から、庭にストラックアウトができる遊具（９マスの的）を置き、それでいつも親子で一緒に遊んでいました。

まだ幼い子供に、野球を〝スポーツ〟と思わせてしまってはいけません。あくまでも〝遊び〟として、ストラックアウトを親子で楽しむのです。

また、家の中で楽しめる屋内用のストラックアウト玩具も売っていますから、インターネットなどで適当なものを探し、ぜひご家庭で遊んでみてください（ピンポン球を使ったバッティングマシンなどもいいかもしれません）。

ストラックアウトで遊ぶ際、子供に無理やりやらせるのはＮＧです。まずはご夫婦でストラックアウトを楽しんでみてください。その様子を見ていた子供は、

1 2 3
4 5 6
7 8 9
行け!!
2枚抜き!!

まず間違いなく自分もやりたいと言ってきます。そこではじめて「おーそうか、やってみるか」とストラックアウトで遊ばせるのです。そして的に当たったら、ご夫婦でお子さんを大いにほめてあげてください。

強制しないのに加え、「飽きるまでやらせない」のも大きなポイントです。「もうちょっとやろうよ」というところで「また明日ね」と切り上げる。そうすれば、楽しい気持ちが残ったまま、また明日もやりたくなる。

そういったことを繰り返していくことで、子供の中に「野球は楽しい」「野球が好き」という純粋な気持ちがはぐくまれていくのです。

どんな野球チームに入ればいいのか

私の息子が軟式の少年野球チームに入ったのは、彼が小学2年生の時でした。

それまでは水泳や体操などのスクールに通いながら、普段はストラックアウトで遊んだり、キャッチボールをしたり、バッティングセンターにたまに行ったりするくらいでした。もっとも、息子が野球チームに入ってからは、週に2〜3回はバッティングセンターに付き合わされましたが（笑）。

2年生になり、息子もだいぶ野球に興味を持つようになってきました。そこである日、私は息子に「野球チームに入ってみる？」と聞いてみました。すると息子は「チームに入って野球をやってみたい！」と言います。私と息子はそれからいくつかの少年野球チームを見てまわりました。

私は息子を強いチーム、いわゆる「地域の強豪」と呼ばれるようなチームに入れるつもりはまったくありませんでした。**一番大切にしていたのは、息子が「野球って楽しい」と感じることのできるチームかどうか。私がチーム選びのポイントにしていたのはその一点だけでした。**

いくつかのチームをめぐり、親として「息子を入れるならこのチームがいいな」と感じるチームがひとつありました。でも、それを子供に強制するのはＮＧ

ですから、私は息子に「どのチームに入りたい？」と聞きました。

息子は息子なりに「このチームは楽しそうだ」と純粋に感じたのでしょう。息子が入りたいと言ったチームと私が「いいな」と思ったチームは、幸いにも一緒でした。

なぜ、私たち親子がそのチームを選んだのか。

簡単に言えば、そのチームは選手たちが楽しそうに野球をしていました。練習中に笑顔が多い。みんなが「野球って楽しい」と心底感じながらプレーしている。傍から見ているだけで、それがよくわかりました。

「強いチームに入れたい」

そう考える親は少なくありません。しかし、**子供の将来を考えた時、小学生の時期に優先すべきは「強さ」よりも「楽しさ」です。**お子さんがチームの強い、弱いに関係なく「楽しそうなチーム」を選んだのだとしたら、親はその意見を尊重してあげるべきだと思います。

いい指導者は笑顔が多く、「失敗してもＯＫ」と言う

少年野球において、私の考える理想的な野球チームは「楽しい野球」をしているチームです。具体的に言えば〝笑顔〟の多いチーム。

指導者がしかめっ面して怒ってばかりのチームでは、選手も楽しくプレーすることはできません。指導者が笑顔で指導すれば、選手たちも自然に笑顔になるものです。

私の考える〝いい指導者〟の条件。

それを簡単に言うと、次の四つがあげられます。

❶「〇〇するな」ではなく、「〇〇しよう」と言う

いい指導者は何事もポジティブに捉え、否定形ではなく「〇〇しよう」と前向きな言葉で指示を出します。

例えば、相手ピッチャーの球が速い場合、バッターはどうしても高めの球に手を出し、空振りしたり、フライを打ち上げたりすることが多くなります。

そういった場合、バッターに対して「高めには手を出すな」と指示する指導者をよく見かけますが、こういった場合も「真ん中から低めの球を積極的に振っていこう」と言えるのがいい指導者です。

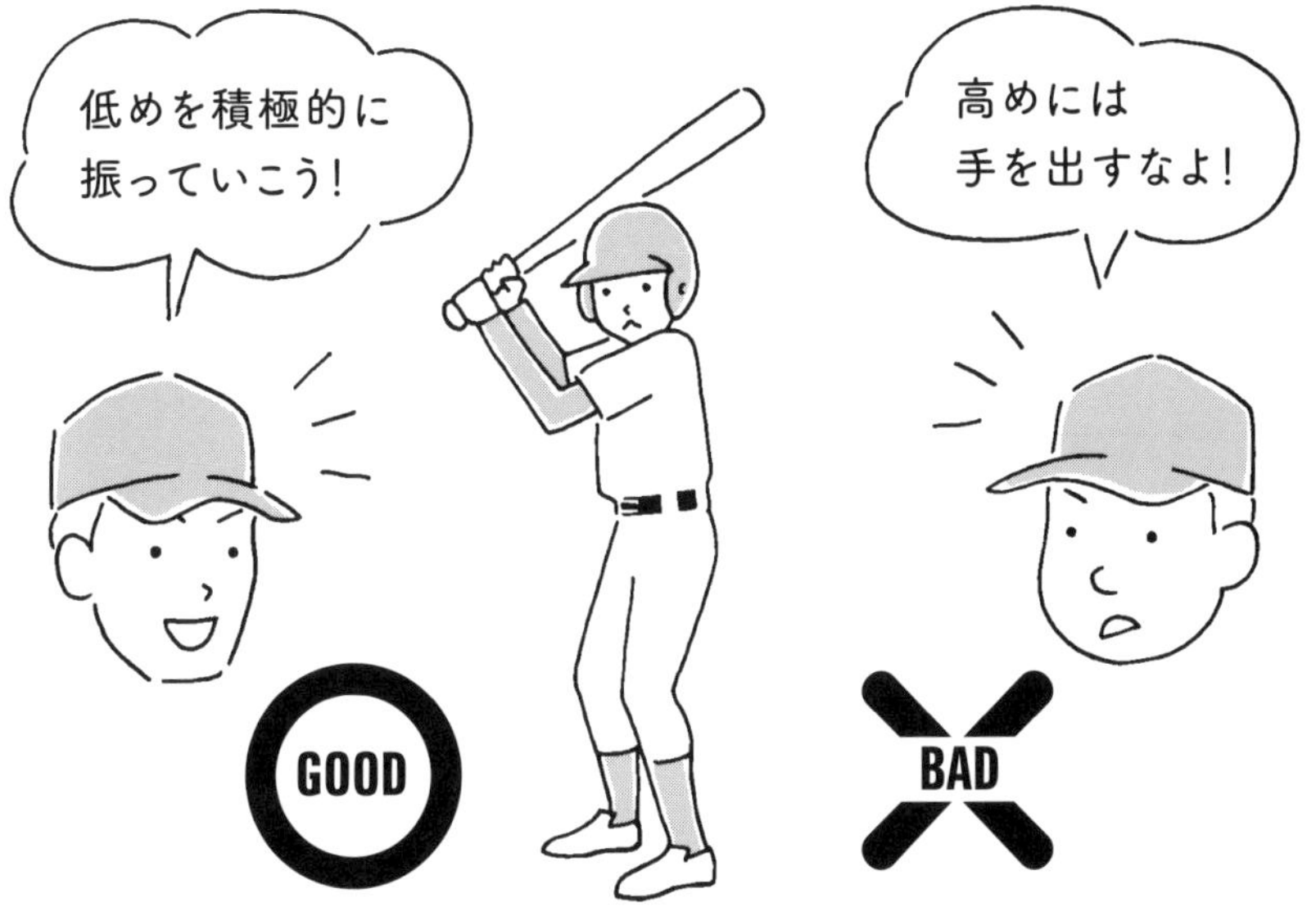
低めを積極的に
振っていこう！
GOOD
高めには
手を出すなよ！
BAD

❷「なぜならば～」ときちんと説明してくれる

練習中などに「〇〇しろ！」と命令形で指示を出すのはよくあることですが、何でもかんでも言いっぱなしの指導者がいます。

例えば守備練習にしても「右利きの人は左足の近くでボールを捕れよ、わかったな」と伝えるだけでは、言いっぱなしの指導者です。

こういった場合は、

「右利きの人は左足の近くで捕ろうな。なぜならば、逆のことをやってみよう。右利きの人が右足の近くで捕って、投げてごらん。ほら、投げにくいだろう。だから右利きの人は左足の近くで捕るのがいいんだよ」

と、**選手に「なぜならば～」と説明してあげることが大切です。そうすれば、選手たちは頭と身体の両方で野球の基本を理解できるのです。**

〇〇しよう！
なぜならば～

❸「ナイストライ！」という言葉がたくさん出る

最近は以前より減ってきているかもしれませんが、かつての少年野球の現場では、選手のミスを大声で怒鳴りつける指導者がたくさんいました。

気を抜いていたり、怠けたりしていた上でのミスなら多少叱ることも必要かもしれませんが、一生懸命プレーした末でのエラー、失敗ならば、むしろ指導者はそれをほめてあげるくらいの姿勢でいいと思います。

指導者に必要なのは、「失敗は全然ＯＫ！」「全力の失敗、大歓迎」のスタンスです。「ナイストライ！」という言葉がたくさん出てくるチームならば、きっと選手たちものびのびとプレーできるはずです。

プロ野球選手だって失敗を何度も繰り返してきたからこそ、一流の技術を身につけることができました。

指導者も、親も、子供には「失敗しないとうまくならないよ。だから思いっきりトライしよう！」と言ってあげてください。

トライを恐れない選手は自然と〝積極的〟になっていきます。守備でピンチを

OK！
ナイストライ!!
次に切り替えろ！
バカヤロー!!
体で止めろよ!!
GOOD
BAD

迎えた時、「自分のところに飛んでこい！」と思える選手をひとりでも多く育てる。それが少年野球チームに課せられたひとつの使命なのだと思います。

❹ グラウンドの内では〝厳しく〟、外では〝やさしい〟

高校野球の名門として知られる日大三高（東京都）の小倉全由監督は、グラウンドではとても厳しいですが、寮に戻ると選手たちにめちゃくちゃやさしいといいます。

日本の指導者は、グラウンドでもプライベートでも厳しく接してしまう指導者がたくさんいます。しかし、**選手たちが求めているのは「普段は怖いけど、ユニフォームを脱いだらとてもやさしくて面白い」そんな指導者です。**

グラウンドの内、外かかわらず、四六時中厳しく指導されたら選手たちは圧迫感を感じ、指導者と言葉を交わすことも少なくなっていくでしょう。そしてそのような一方通行のコーチングでは、選手たちの自主性や積極性をはぐくむことはできません。

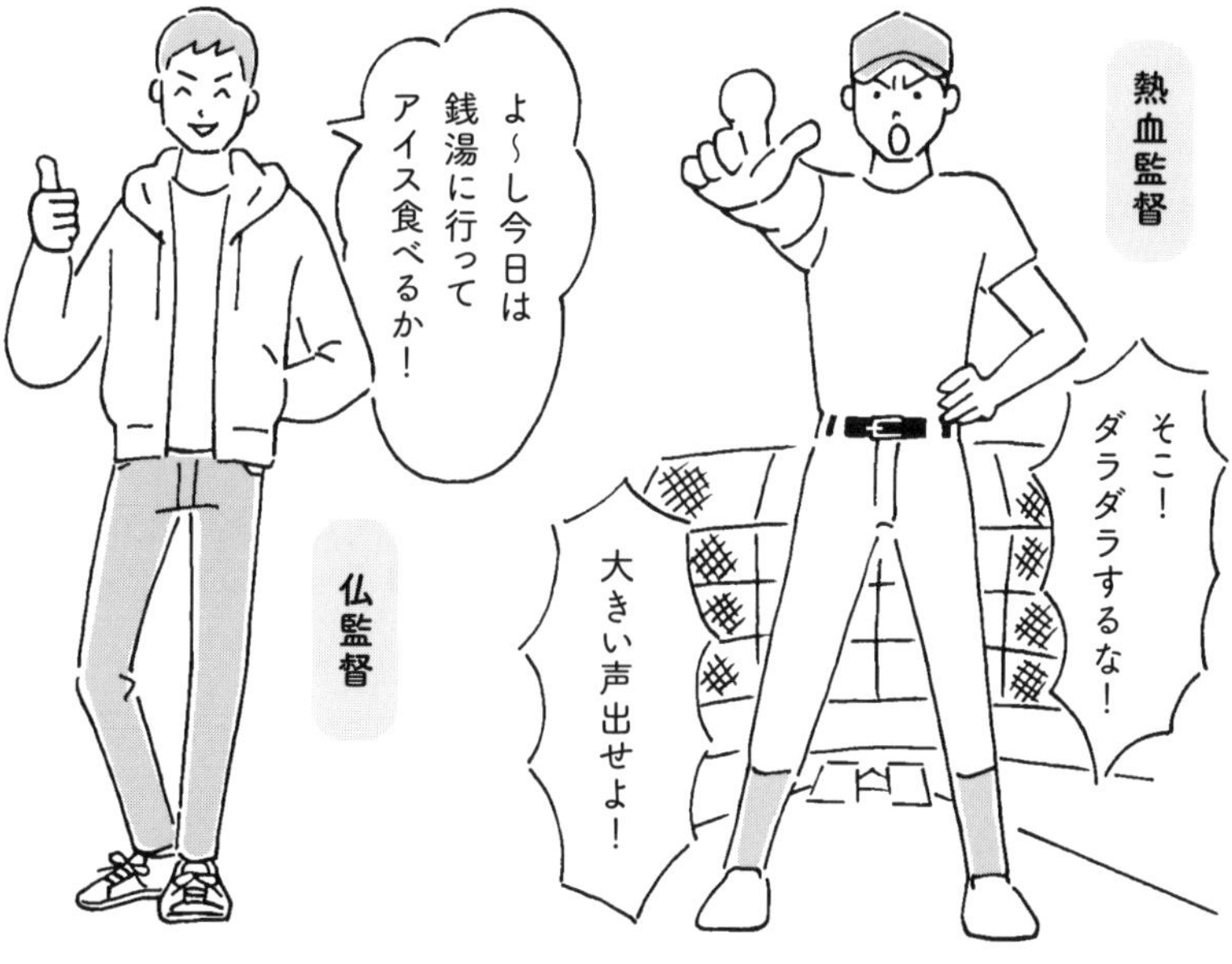
よ〜し今日は銭湯に行ってアイス食べるか！
仏監督
熱血監督
そこ！ダラダラするな！
大きい声出せよ！

指導者が、練習中にはない隙を普段の生活で見せることによって、選手はそこに親しみを感じ、指導者に信頼感を抱くようになるのです。

指導者から叱られたとしても、そこに信頼感があれば「この人は僕のために叱ってくれている」と選手は感じます。

このように、グラウンドの内、外でオン、オフを使い分けられる指導者が真にいい指導者と呼べるのではないでしょうか。

硬式野球、軟式野球、どちらがいいのか？

野球にあまり縁のない生き方をしてきた保護者の方々にとって、お子さんを入部させるのは硬式（リトルリーグやボーイズリーグ、ポニーリーグなど。プロ野球と同じ硬いボールを使用）がいいのか、軟式（いわゆる学童野球やスポーツ少年団など。ゴム製のボールを使用）がいいのか、これはとても悩まれる問題だと思います。

小学生だった息子が私に「野球チームに入りたい」と言ってきた時、私は硬式、軟式、どちらに入れたいとはまったく考えていませんでした。私はとにかく息子に「野球を楽しんでほしい」と思っていましたから、硬式、軟式あるいはチームの強い、弱いにはまったくこだわっていませんでした。

では**「野球を楽しめるチーム」を選ぶ時、どこを見て判断すればいいのか？あえてその基準をあげるとすれば、やはり〝指導者の姿勢〟ということになるでしょう。**

先述したように、指導者に野球を楽しむ姿勢がなければ、子供たちだって野球を楽しむことはできません。締めるべきところは締めながらも、基本的には子供たちと指導者が一緒に野球を楽しんでいる。そんなチームを選ぶのがいいと思います。

ただ、そうは言っても中学になると高校入学が間近に迫ってきますから「硬式か、軟式か」は切実な問題となってきます。

近年、甲子園に勝ち上がってくるチームの選手たちの出身を見てみると、硬式出身者が多いのは事実です。ただ、だからといって私は安直に「中学は硬式野球チームがいいですよ」とは言いたくありません。

中学生になって、どの野球チームを選ぶか。それもやはり私は〝指導者〟で選ぶべきだと思っています。

中学の部活は基本・軟式です（一部の私立などでは硬式もあるようです）。

公立中学であれば、野球部の監督の評価は地域の方々からいろいろと聞けると思います。情報収集をしながら、実際に部活動を見に行くなどして、その上で「硬式か、軟式か」を決めればいいと思います（ただ、公立中学の場合は先生の異動があるので、そこは注意したいところです）。

試合で緊張しないために、普段からしておくこと

野球を始めたばかりの子供たちにとって、試合に出場できるのはうれしい反面、とても緊張することでもあります。

小学4年生で野球を始めたばかりのころの私もそうでした。試合に出場できたとしてもガチガチに緊張してしまい、なかなか自分の実力を発揮することができませんでした。

そんなある日、緊張する私を見かねた父が「練習でめちゃめちゃがんばっておけば、試合で緊張しなくてすむぞ」と言葉をかけてきました。

「練習は選手にとっての精神安定剤」とよく言われます。

緊張をほぐすためのメンタルトレーニングはいくつもありますが、やはり一番

の対処法は「普段の練習に真剣に取り組む」ことなのです。

父が言うように、試合より練習を一生懸命やるようになった私は、自然と緊張しなくなりました。

キャッチボールは相手の胸を目がけ、一球一球をムダにしない。

バッティング練習では「ここで自分がヒットを打ったらサヨナラ勝ち。空振りしたら負け」だと思って。

守備練習では「最終回、2アウト満塁、これをアウトにすればゲームセット、エラーしたら逆転負け」だと思って。

そうやって実戦を意識しながら練習に取り組むことが大切です。

お父さん、お母さん、あなたたちは子供を緊張させてはいませんか？

ニューヨーク・メッツでコーチとしてメジャーリーグの野球を体感し、私は「メジャーリーガーは日本のプロ野球選手と違い、心から楽しんでプレーしている」と感じました。

なぜ、日本のプロ野球選手は野球を楽しめていないのでしょう。彼らだって小学生のころは、楽しみながらプレーをしていたはずです。

でも、それが中学、高校、大学、社会人、プロと段階を経ていくうちに、「結果を求められる野球」へと変化し、「結果を出さないと次はない」というプレッシャーが野球を楽しめなくしてしまっているのだと思います。

今の日本の小学生プレーヤーたちも親の〝過度な期待〟によって、野球を楽しめていない子が多いように感じます。

試合前、親が子に「今日はヒットを打ってね」とか「しっかり投げて、相手チームを抑えてね」と言いたくなる気持ちはわかります。

しかしこれでは、子供は試合で緊張してしまうばかりです。なぜなら、それは「親が結果を求めているから」。これだと、子供たちは心から野球を楽しめません。

親が大切にしてあげるべきことは、試合の結果ではなく、その〝過程＝プロセス〟です。

試合中のプレーで仮にお子さんが失敗したとしても、

「フルスイングしたんだから、いいじゃん」

「積極的に前に出て捕りにいったんだからＯＫ！」

「よくあそこで逃げずに勝負にいった。かっこよかったぞ！」

親はそうやって、**子供が思いっきりプレーしたのであれば結果はどうあれ、とにかくほめてあげることが大切だと思います。**

絶対打ってね！
ドキドキ
打てなかったらどうしよう！
BAD
GOOD
失敗してもいいからとにかく思いきってやれよ！
よーし!!

しつけや挨拶も大事だが、いきすぎた〝野球道〟にはならないように

「少年野球をやるようになって、大きな声で挨拶ができるようになった」

「チームに入ってから、礼儀正しくなった」

保護者の方から、そんな声を聞くことがたびたびあります。野球に携わる人間として、このように言ってもらえるのは大変うれしく、ありがたいものです。

野球には細かいルールがたくさんあり、さらにそれぞれのチームごとに守るべきルール、決まりごとがあります。

大きな声で挨拶しよう、準備をしっかりしよう、整理整頓、グラウンドの中では常に全力疾走、仲間を思いやろう、まわりの人たちに感謝しよう、最後まであきらめない、文武両道……などあげたらキリがありませんが、各チームごとに伝

統ともいうべき〝決まりごと〟があるはずです。

こういった決まりごとをつくり、それを子供たちに「守るべきことがら」として理解させるのはとても重要だと思います。

ただ、それが**いきすぎると、それは規律でもしつけでもなく、ただの〝強制〟になってしまいますし、いきすぎた指導が続けば子供たちは野球を楽しめなくなってしまいます。**

私が高校球児だったころのヘアスタイルは、もちろん丸坊主でした。でも私は「ヘアスタイルは自由でいい」（もちろん高校球児も）という考えなので、この〝丸坊主〟も、本当は今の子供たちにはやめてほしいと思っています。

野球が〝野球道〟になりすぎないように。保護者のみなさんにはそこに気をつけていただきたいと思います。

野球は
PLAY(遊ぶ)する
ものです!
オーライ
オーライ
イテッ
ありがとう
ございました!!
親
声が
小さい!!
親
道具はきちんと
手入れを!!
整理整頓!!
ハイッ
いきすぎた「野球道」にならないように…

ポジティブにほめることによって、いい結果が生まれる

近年は高校、大学、社会人を問わず、野球界ではメンタルトレーニングがとてもさかんに行われています。

そして、メンタルトレーニングにおいて、もっとも重視されているのは〝ポジティブシンキング〟です。

今、私は社会人野球にもかかわっているのですが、**強いチームのベンチを観察していると、選手たちの発する言葉が〝ポジティブ〟なものばかりなのに気づきます。**

例えば攻撃時に満塁のチャンスが訪れたとすると、ベンチの選手たちがみんな打者に向かって「来た来た、満塁男！」と声をかけ、お祭り騒ぎのように盛り上

がります。

その試合、再び満塁のチャンスが訪れ、違うバッターが打席に立ったのですが、ベンチはその選手に向かっても「よっ、満塁男！」と前と同じように声をかけ、盛り上がっていました。

私からすると「いったい満塁男が何人いるんだ？」という感じなのですが（笑）、そのチームはポジティブな声がけによって打者の緊張をやわらげようとしていたのです。

とある心理学の研究によると、企業で行われる会議をいくつかモニタリングしたところ、〝一流〟と呼ばれる大企業ほど、会議においてポジティブな言葉がたくさん発せられていたそうです。

また、〝ほめる〟という行為には、相手の気分をよくするだけでなく、自分の気分もよくする相乗効果があると言われています。

少年野球でも、指導者がよく「声を出せ」と選手たちに指導していますが、**「バッチこい！」や「いこうぜ、いこうぜ」といったいわゆる〝声出し〟よりも、**

本当は他の選手たちを盛り上げるような〝声がけ〟が大切なのです。

ご家庭でも、できる限りお子さんをほめてあげるようにしてください。それが結果として、保護者のみなさんの気分をよくすることにもつながるのですから。

親は壁やフェンスを背にして、子供とキャッチボールしよう

子供に野球を好きになってもらう上で、「親子でキャッチボール」をするのは基本中の基本といえるでしょう。ただ、残念なことに最近都心などではキャッチボールして遊べる公園も減ってきてしまっているようですが……。

子供とキャッチボールしている時、野球経験のあるお父さんほど子供にアドバイスをしたくなるものです。実は私もそうでした（笑）。

でも、よほど間違った投げ方をしていない限り、子供には自由にボールを投げ

させてあげてほしいと思います。

とくに**小学校低学年のうちは、細かい指導よりも「ナイスボール！」とほめてあげることが大切です。**

子供はピッチングが大好きですから、お父さんは座ってキャッチャー役となり「ストライク！」「ナイスボール！」と子供をほめてあげれば、子供は喜んでキャッチボールを続けると思います。

お父さんがキャッチャーミットを使い、いい音を出してキャッチングしてあげればなおいいですね。

あともうひとつ。キャッチボールをする時に、できれば子供が暴投を投げても大丈夫な環境をつくってあげてほしいと思います。

子供が暴投を投げても大丈夫な環境とは、親の背に壁やネットなどがある状態です。**公園のフェンスや建物の壁などがキャッチボール相手の背にあれば、子供は暴投を気にすることなく、思いっきりボールを投げることができます。**

障害物も何もない、大きな広場などでキャッチボールをすると、暴投したらどこまでもボールが転がっていってしまいます。

そうなると「お父さんが取りに行くのがかわいそう」あるいは「暴投するとお父さんに〝取りに行け〟と言われるから面倒」となり、子供はボールを加減して投げるようになってしまいます。

親は、こういう状況はなるべく避けなければいけません。

「子供にのびのびと、思いっきりキャッチボールを楽しんでもらいたいなら、親は壁やフェンスを背にして」

これが親子でキャッチボールを楽しみながら、子供の能力を伸ばしていくコツなのです。

壁やフェンスがあれば思いきり投げられる

親子練習を楽しくするコツ
――遊び心でメニューをプロデュースする

子供は飽きっぽいですから、単調な練習が続けばすぐに飽きてしまいます。ですから、「うちの子は集中力がなくて、親子で練習してもすぐに飽きてしまう……」となげく前に、どうやったらお子さんが楽しく練習できるかを考えてあげてほしいと思います。

子供に楽しく練習してもらうには、親の〝練習プロデュース能力〟が何よりも必要です。

例えば、走るメニューにしても、ただ単に走るだけでは飽きてしまいますが、そこでタイムを計ってみたり、あるいは誰かと競走してみたり、あるいは何人かで〝鬼ごっこ〟にしてみたりすれば、「まだやるの?」とあきれるくらい、子供は走り続けるものです。

キャッチボールも、ただ単に「相手の胸を目がけてしっかり投げろ」というだけでは、子供はきっと飽きてしまいます。

そんな時は「じゃあ、何球連続で胸に投げられるか、記録を取ろう」と言えば、それだけで子供の目の色は変わります。「ただいまの記録は4球連続です。さあ、5球目、新記録なるでしょうか！」などと実況風にコメントを入れてあげれば、さらにやる気になって投げ続けるでしょう。

ノックも同様に、「何球連続で捕れるでしょうか？」と演出を入れれば、子供は新記録を目指してがんばってノックを受けると思います。

こんなふうに、**大人がちょっと機転を利かせるだけで、子供に楽しく練習してもらうことができます。そのポイントはただひとつ。「練習をいかに遊びに近づけるか」なのです。**

弱点克服のための練習方法
——苦手なものからやる

人は誰でも得意なもの、不得意なものがあります。

野球で言えば、「打撃は得意だけど、守備が苦手」とか「投げるのは得意だけど、走るのが苦手」とか。

しかし、苦手を苦手のままにしておいたら、その人の成長はありません。得意なこと、長所を伸ばすことは大切ですが、それ以上に苦手なこと、短所を「少しでもよくする」ことも重要です。

親子で練習を行う場合（チームの練習でも言えることですが）、**お子さんの苦手なことを少しでも克服するために、まずは〝苦手なこと〟の練習から始めるようにしてください。**

トレーニングのメニューは、苦手なことをやってから、次に得意なことをやるような癖をつけるといいと思います。

なぜかというと、トレーニングを開始してすぐの時は疲れもありませんし、集中力もあります。この時に苦手なメニューをこなし、多少疲れて集中力が落ちてきた後半に得意なことに取り組むのです。

苦手なことに後から取り組むパターンだと、トレーニングの後半は「嫌な時間」となり、そんな状態で反復練習しても何も身につきません。

苦手なことを前半に持ってくれば、「後半の楽しみに向かって前半をがんばる」という気持ちになれます。つまり、苦手なことを前半にこなせば、効率のいいトレーニングができるのです。

プロ野球を観にいこう！

子供を野球好きにするために親ができる工夫はいろいろあるでしょうが、私はやはり**一番いいのは「親子でプロ野球観戦」することだと思っています。**

保護者のみなさんの中には「でもね、立花さん。うちの子供は球場に連れていっても、あまり集中して試合を観てくれないんですよ」と言う方もいらっしゃるでしょう。

まだ小学生ですし、ましてや低学年のお子さんでしたら試合に集中できないのは当然です。試合そっちのけで「食べ物を買いに行こう」「グッズを買いに行こう」となるかもしれませんが、それでいいんです。**肝心なのは「親子で球場の雰囲気を楽しむ」ことなんですから。**

メジャーリーグの球場は〝ボールパーク〟と呼ばれ、大人も子供も楽しめるエンターテインメント的な要素がたくさん詰まっています。最近では日本のプロ野球もこれにならい、球場の周辺に屋台やアトラクションを設置するなどして、試合を観る以外の楽しさも追求しています。

東北楽天ゴールデンイーグルスの本拠地・Ｋｏｂｏパーク宮城には、２０１６年５月に高さ36ｍの観覧車が設営されました。

小学校低学年のうちに**「球場は親と一緒に楽しめる場所、安心できる場所」と子供に感じてもらえれば、あとは好きなチーム、好きな選手ができてどんどん野球に興味を持っていくはずです。**

この私も、子供のころに親に大阪球場に連れていってもらい、野村克也監督率いる南海ホークスを応援しながら、自分のお小遣いでキーホルダーなどのグッズを買ったりして、野球が大好きになっていきました。

小学生のうちは試合に集中していなくても十分です。球場の雰囲気を親子で楽しみながら、試合観戦に通ってもらえればと思います。

かっせ！
かっせ！
○○!!
お父さん
帽子買って!!
下敷き
買って!!
BaseBall
55
11
30
どれも
プロ野球を
楽しんでいるので
OK!!

子供を信頼し、時には〝待つ〟ことも重要

野球選手といっても、お子さんはまだ小学生です。練習に打ち込まない、自主練習しないなど、やる気のなさが目につくこともあるかもしれません。

そんな時、私は「お前、たるんでるぞ！」と走らせたり、きつい練習をさせたりはしません。私だったら迷わず、子供をプロ野球観戦に連れていきます。

プロ野球選手のプレーに感動し、「あんなプレーがしたいな」と思えば、自然とやる気がわいてきます。

プロ野球以外にも、甲子園の高校野球なども効果があると思います。「〇〇選手みたいになりたい」と感じた時点で「今、もっとがんばらないとダメだ」と気づくことができます。

無理に「集中しろ！」と言って自主トレさせたり、きつい練習をさせたりするより、自発的に「もっとがんばらなくちゃ」と思わせることが大切なのです。

ただ、そうは言っても、何度かプロ野球観戦に連れていったのになかなかやる気になってくれない子もいると思います。

そんな子の場合、**親は「やる気を出せ」とせっつくよりも、子供を信じて待ってあげてください。**

子供を導いていく上で、「信頼して待つ」こともとても重要です。

近年、「待てない大人（指導者・保護者）」が増えているようにも感じますが、時に「大人は子供を信じて待たなければならない」ことを忘れないでほしいと思います。

バッティングセンターで、子供に指導してはいけない

私の息子が少年野球を始めた当初、息子に「どんな選手になりたい?」と聞いたら「イチロー選手や松井選手みたいになりたい」と答えました。

私はその時、「イチロー選手はな、子供の時にバッティングセンターにめちゃくちゃ通ってたんだぞ」と話をすると、息子も「そうなのか」と思うところがあったようで、それ以来、「お父さん、バッティングセンターに連れてって」とよく頼まれるようになりました。

私は息子とバッティングセンターに行っても、基本的に見て見ぬフリをしていました。バッティングセンターにはゲーム機が置いてあったりしますから、そのゲームをしながら遠目に息子のバッティングを観察する感じです。

他の親子連れなどを見ていると、父親がケージの真後ろに立ち「もっと脇を締めて！」「肩が下がっている！」「情けないスイングするな！」と一球一球こと細かく指導しているシーンをよく目にしました。

そのような場合、たいていの子供はつまらなそうな顔をしてバッティングをしていました。本来バッティングは楽しいものなのに、これでは子供がかわいそうです。

私が息子に接していたように、**見て見ぬフリをしていると、息子のほうから「お父さん、今日は調子がいいから、ちょっと近くでバッティングを見ていて」と言ってきます。**

呼ばれた私は後ろから息子のバッティングを見ながら、いい当たりが出れば「ナイスバッティング！」「今のいいね」とほめてやりました。そのおかげか、息子はバッティングセンターが大好きになり、小学生のうちはずいぶん通わされたものです（笑）。

バッティングセンターで子供とかかわるのは、このくらいで十分なのです。

□うるさい指導はダメ

コラム

親子で見てほしい、おすすめの野球映画

洋画3本・邦画3本

プロ野球などを観戦するだけでなく、野球映画を見ることで子供たちは野球がさらに好きになったり、興味を持ったりするものです。とくにお父さん、お母さんが一緒になって楽しそうに映画を見ていれば、なおさら子供は興味を示します。

ここでは、私が今まで見てきた野球映画の中で「親子で見て楽しめる作品」を洋画、邦画それぞれ3本ずつピックアップしてみました。

レンタルするなどして、親子でぜひご覧ください！

［洋画編］

◎『がんばれ！ベアーズ』

２００５年にリメイクされた『がんばれ！ベアーズ　ニュー・シーズン』もいいですが、私はやはり１９７６年に公開されたテイタム・オニール主演のシリーズ第一作『がんばれ！ベアーズ』をおすすめします。

試合で負けてばかりの超弱小チーム・ベアーズに、元マイナーリーガーの新監督が就任。

ここに抜群の野球センスを持つ女の子（テイタム・オニール）も新たにチームに加わり、ベアーズがどんどん強くなっていく様子をコメディタッチで描いた、子供向け野球映画の元祖ともいえる作品です。

公開当時、私はまだ10歳でしたが、この作品を見に父と一緒に映画館へ行きました。映画の中でピッチャーのテイタム・オニールがマウンドから下りてくると、ベンチにあった飲み物が冷やされている氷水の入ったバケツにおもむろに肩、肘を入れるシーンが出てきます。

当時の日本では「肩、肘を冷やしたら絶対にダメ！」と教えられていましたから、それを見て当時の私は「えっ⁉ 冷やしたらダメじゃん！」と衝撃を受けました。

今では日本でも冷やすのは当たり前のことになっていますが、こんな古くからアメリカではすでに投球後のアイシングが少年野球にも浸透していたんですね。

◎『がんばれ！ルーキー』

これも野球少年の物語です。

少年野球チームの万年補欠だった少年・トーマスが、ある日ボールを踏んづけて転び、腕を複雑骨折。ところがこのケガをきっかけに、トーマスは160㎞の剛速球を投げるようになり、メジャーリーグに入団しチームをワールド・シリーズに導くという奇想天外な設定です（笑）。

夢のような設定の物語ですが、それだけに子供は楽しめる内容だと思います。終盤、トーマスはあることをきっかけに元の身体に戻り、普通のボールしか投げられなくなりますが、そこからがまた見ものです。

◎『チャンスボール』

自分勝手なふるまいから、周囲からも嫌われていたロサンゼルス・ドジャースの選手が、試合中に頭にデッドボールを当てられ、目を覚ますとそこは自分が12歳の子供時代に戻っていた……

というところから始まる物語です。

このメジャーリーガーは子供時代に戻って、人生をやり直すチャンスをもらいました。

少年野球時代のチームメートやすでに亡くなっていた母親に会い、わがまま放題だった彼は徐々に野球を始めたころの素直だった自分に返っていきます。

［邦画編］

◎『バッテリー』

ベストセラー小説『バッテリー』を映画化。中学生天才ピッチャーとその才能にほれ込んだキャッチャー。そのふたりが友情という名の相互作用によって成長していく姿を描いた青春映画です。

天才ピッチャーの弟が病弱で、両親は弟にかかりっきり。兄である天才ピッチャーは家族の中でも浮いた存在となっていましたが、中学野球部で心身を成長させ、弟は兄に憧れて野球をするようになり、野球嫌いだった両親もだんだん野球が好きになっていきます。

野球を通じて友情と家族愛を描いた、心温まる良作です。

◎『**ベースボールキッズ**』

少年野球を描いた、お子様向けの映画です。洋画の『がんばれ！ベアーズ』の日本版といった親しみやすい内容となっています。

ある少年が少年野球チームに入団してくるのですが、彼はものすごいボールを投げる天才ピッチャーでした。

そのチームで万年補欠だった選手がその天才少年に目をつけ、ふたりで猛特訓をするようになります。すると、その万年補欠だった選手もどんどんうまくなり、チームも強くなっていく様子を描いています。

◎『**ラストゲーム　最後の早慶戦**』

太平洋戦争中の大学野球をテーマにした映画です。作品を通じて平和や命の大切さも感じられる内容となっていますので、小学校高学年以上向けの内容かもしれません。

戦時中、野球は敵国であるアメリカのスポーツという理由で、当時プロ野球よりも人気のあった東京六大学野球は解散させられることになりました。

学生たちが戦争に出陣する前に、もう一度、早慶戦を……。

開催に力を尽くす関係者と、最後の試合に臨む両チームの選手たち。

野球にかける若者たちの真剣な姿に胸が熱くなる青春映画です。

第2章

子供のやる気を引き出し、強い心をはぐくもう!

なりたい自分を想像して寝ると、その通りになれる

私には息子の他にふたりの娘もいるのですが、いつも子供たち3人に「寝る前に〝なりたい自分〟を想像したら、その通りになれるよ」と話をしていました。〝なりたい自分〟は「サヨナラヒットを打つ自分」でもいいですし、「明日こんなことがあったらいいな」ということでも、何でもいいです。

「自分はこうなりたい」

「自分はこういうことがしたい」

それを想像しながら眠りにつくのです。

これはメンタルトレーニングの一種で、寝る前に〝なりたい自分〟を想像することで、次の日に備えるための行動が自動的に始まると言われています。この方

法は「目標達成自動装置」と呼ばれています。

寝る前に〝なりたい自分〟を想像し、できればそれを口に出して言ってみてください。そうすると脳が勝手に準備を始め、翌朝起きた時から自然とそうなるための行動を取るようになります。

私は息子が〝なりたい自分〟を想像しやすいように、ベッドの天井にバリー・ボンズ（歴代1位の通算762本塁打を記録した元メジャーリーガー）のバッティングシーンのポスターを貼っていました。

もし、お子さんに大好きなプロ野球選手がいたら、その選手のポスターなどを貼ってみてください。

そのポスターを見ながら、寝る前に「明日はヒットを打つ！」とか「明日は三振をいっぱい取る！」と声に出して言うような習慣をつけるといいと思います。

〝なりたい自分〟に近づくために、目標達成自動装置をぜひ試してみてください。

きつい練習をクリアするのに、必要なのは根性ではない

かつて、日本のスポーツ界で〝根性論〟が主流だったころは、何に関しても根性の「ある・なし」が基準となっていました。

何か物事を達成すれば指導者から「お前は根性がある」と評価され、失敗をしたり、成果を残せなかったりすると「根性がないからだ」と怒られる。

私の少年時代も含め、日本のスポーツ界では根性論をもとにした指導がしばらく続いてきました。

でも、今はもうそんな時代ではありません。確かに、**きつい練習などをこなす上である程度の根性は必要かもしれませんが、野球を長く続けていく上でもっとも大切なのは「野球が好き」という純粋な気持ちです。**コーチングの世界では野

球のみならず、あらゆる競技でそういった考え方が常識となっています。

この「野球が好き」という気持ちは、小学生のうちに決まるといっても過言ではありません。

小学生、とくに低学年のうちに「野球は楽しい」ということを子供の心に植え込むのです。野球をスポーツとしてではなく、〝遊び〟として捉え、打ち方、投げ方よりもまずは「野球は楽しい」ことを知ってもらう。要は「野球って、なんて楽しい遊びなんだろう」と子供に感じてもらえればいいのです。

幼少期にはぐくんだ「野球は楽しい」「野球が好き」という気持ちは、その後現れるさまざまな壁や障害を乗り越える上で大きな力となります。

中学、高校と進んでいけば、当然日々の練習もきついものになっていきますが、そういった厳しさをクリアしていくのに必要なのは〝根性〟ではなく、「野球が好き」という気持ちなのです。

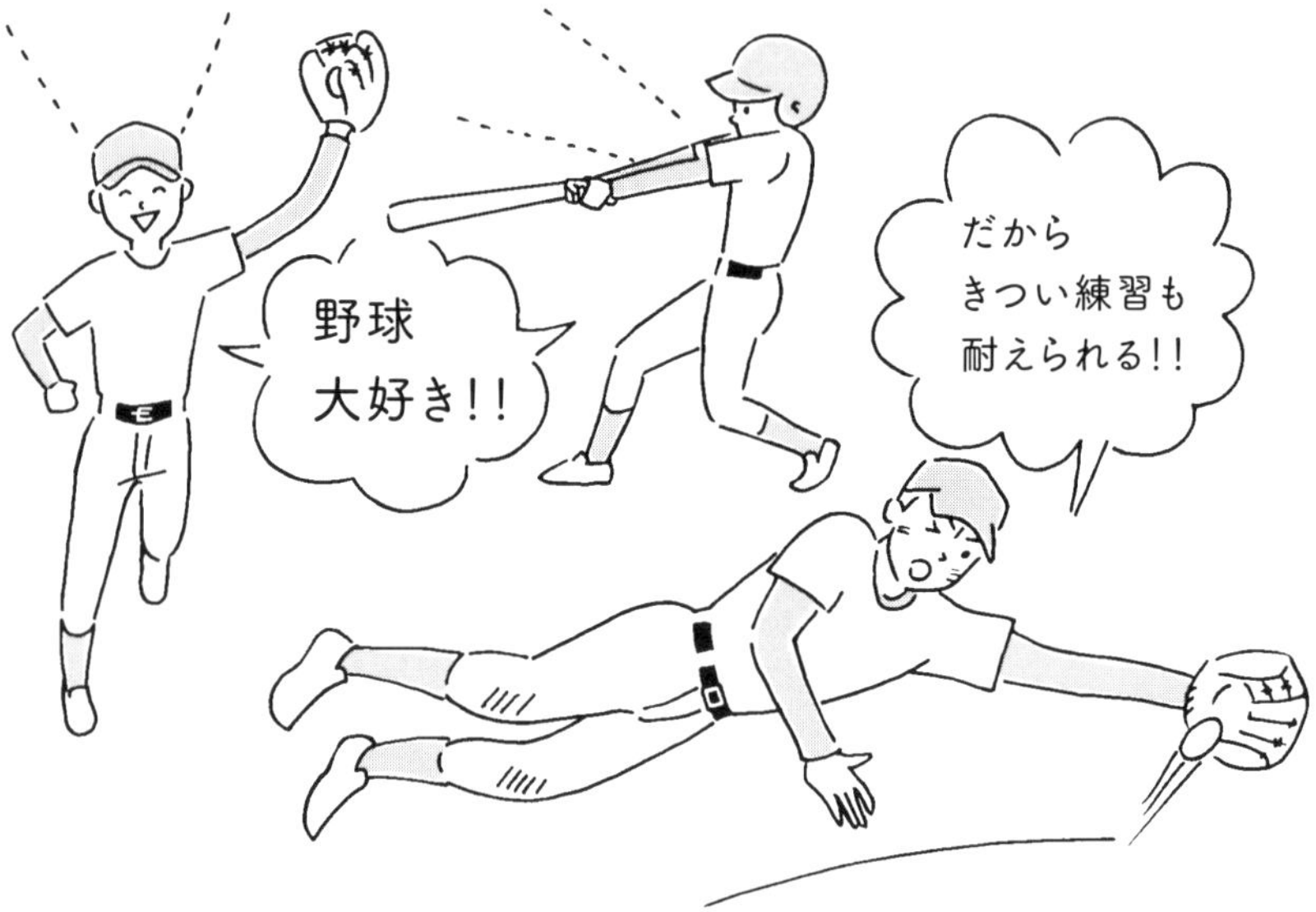
野球
大好き!!
だから
きつい練習も
耐えられる!!

他の選手と自分の子供を比較しない

少年野球の練習を見ている時、あるいは試合を見ている時、自分の子供と他の選手を比べ、「あの子はフライも上手に捕るのに、うちの子は下手だなぁ」とか「あの子はよく打つけど、うちの子は三振ばかり……」というふうに思ったことはありませんか？

自分の子供と他の選手を比べてしまうのは、ある意味しょうがないことですが、それはお父さん、お母さんの心の中だけにしまっておいてください。

一番よくないのは、子供に向かって「あの子はできるのに、何でお前はできないんだ」と直接言ってしまうことです。

他人と比較され、ほめられるならいいですが、けなされてうれしい人間がいるわけがありません。

本人は一生懸命がんばっているのに「お前は下手だ」「お前はなんでできないんだ」と言われ続けたら、野球が大好きだった気持ちは消えてしまい、プレーする楽しさも感じなくなっていくことでしょう。

どんなに下手な選手であろうとも、1ヵ月前、あるいは3ヵ月前の状態よりも確実にうまくなっているはずです。

「10球中、1球しか打てなかったのが2球になった。すごいね！」

「10球中、1球しか捕れなかったフライが2球捕れるようになった、がんばったね！」

親はそうやって、過去の本人と比べ、その成長を一緒に喜んであげるようにしましょう。比較していいのは他の選手ではなく、過去の本人とです。それを忘れないでいただきたいと思います。

1ヵ月前より
すごくうまく
なってるぞ!!
GOOD
○○君は
お前と違って
うまいなあ
BAD

ほめられた〝うれしさ〟が、次のいいプレーを生み出す

野球というスポーツに限らず、試合で選手がミスをしたりすると、監督やコーチが怒鳴りまくるのがかつての日本のスポーツ文化でした。

人間はミスをした時に怒られると、それが心の傷となって刻み込まれます。そして再び試合で同じような状況になった時、以前怒られたことがフラッシュバックして同じようなミスをしてしまうことになるのです。

怒るのとは逆に、いいプレーをした時に〝ほめる〟と、その時に感じた〝気持ちよさ〟が心に残ります。

「難しい打球を捕って、見事にアウトにした。そして親からめちゃめちゃほめられた。うれしかった」

子供の心にインプットされたこの〝気持ちよさ〟によって、同じような打球が飛んでくるとほめられたうれしさがよみがえり、いいプレーが再びできるのです。

また、子供の中にはほめると調子に乗ってしまうタイプの子もいるかもしれませんが、そういう子は、次のページのイラストのように、立たせたままの状態でほめてあげるといいと思います。

子供は立ったままの状態でいることによって、筋肉の緊張した状態が保たれます。多少の緊張感を持たせた上でほめる。

こうすることで「調子に乗らず、引き締めるところは引き締めろよ」という隠れたメッセージを子供に送ることができるのです。

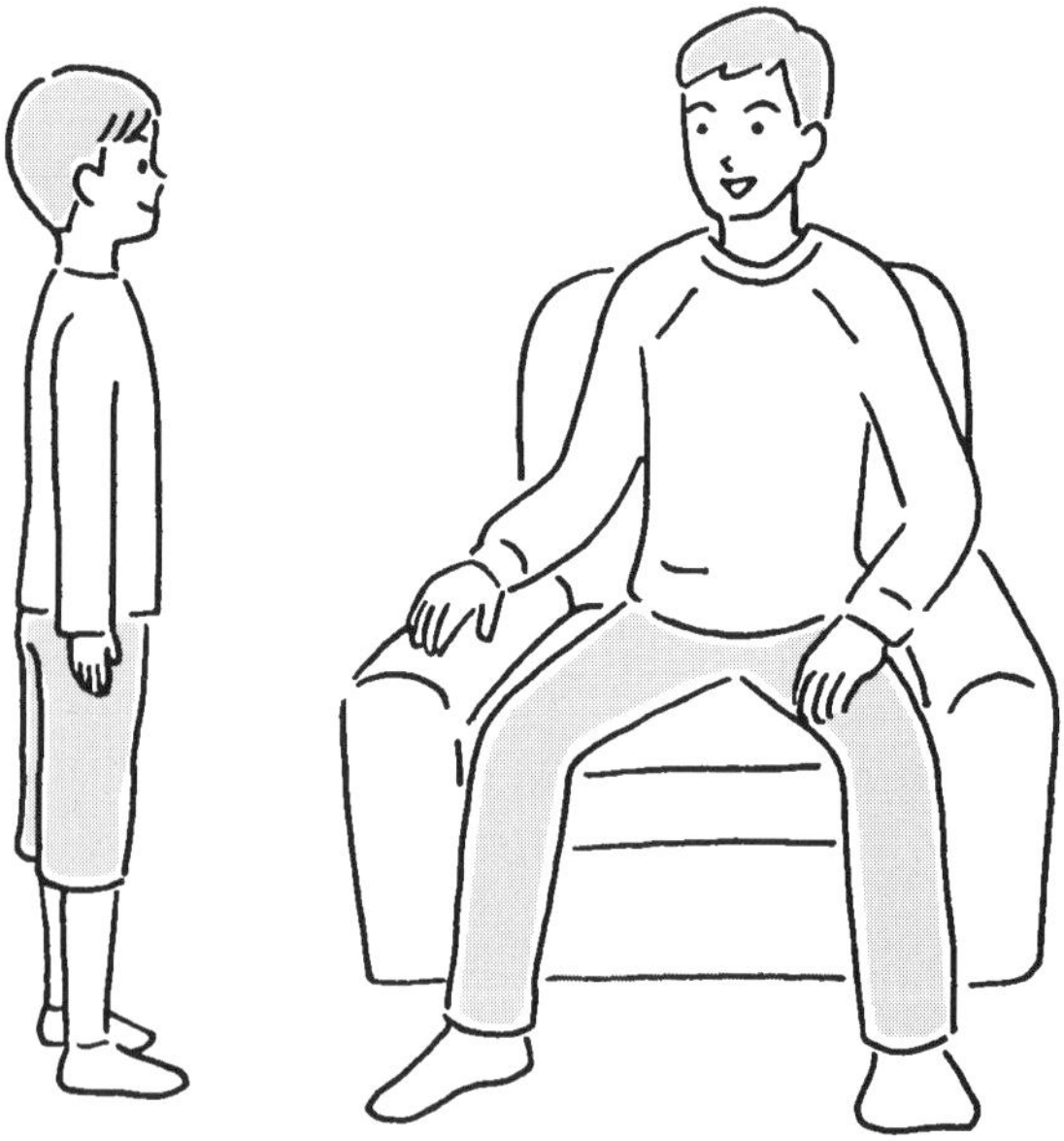

正しい叱り方、悪い叱り方

子供が何か間違ったことをした時、〝怒る〟のではなくて〝叱る〟ことを保護者のみなさんには徹底していただきたいと思います。

大きな声で怒鳴りつければ、子供は間違いなく緊張状態となり、怖いから親から目をそらします。これは相手の言っていることを理解できていない状態です。

そうではなく、次のイラストのように**ソフトになでるような感覚で目線を合わせ、〝怒る〟のではなく諭すように〝叱る〟のです。**

例えばお母さんが「あなたにはわかってほしいの」という気持ちで接すれば、子供も親から目をそらしません。子供は親の目をしっかり見て、何を言おうとしているのか理解しようとするでしょう。

ともかく、子供を叱る時に怒鳴るのは絶対にNGです。

「お前ならできるよ！」「お前はできるのになんでやらないんだ。がんばろうよ！」そういったポジティブな励ましの言葉であれば、大きな声で言ってもいいと思います。

また、怒鳴らなくても、ずっとネチネチと「お前はまったくうまくならないねぇ」「今日もダメだったねぇ」などとネガティブなことを言い続ければ、子供の能力、才能は閉じていってしまいます。

子供が間違ったことやミスをしても、親としての怒りたい気持ちはグッとこらえ、怒鳴らず、さらにネガティブな言葉もかけず諭すように叱る。子供の能力を開花させるために、その姿勢を忘れないでください。

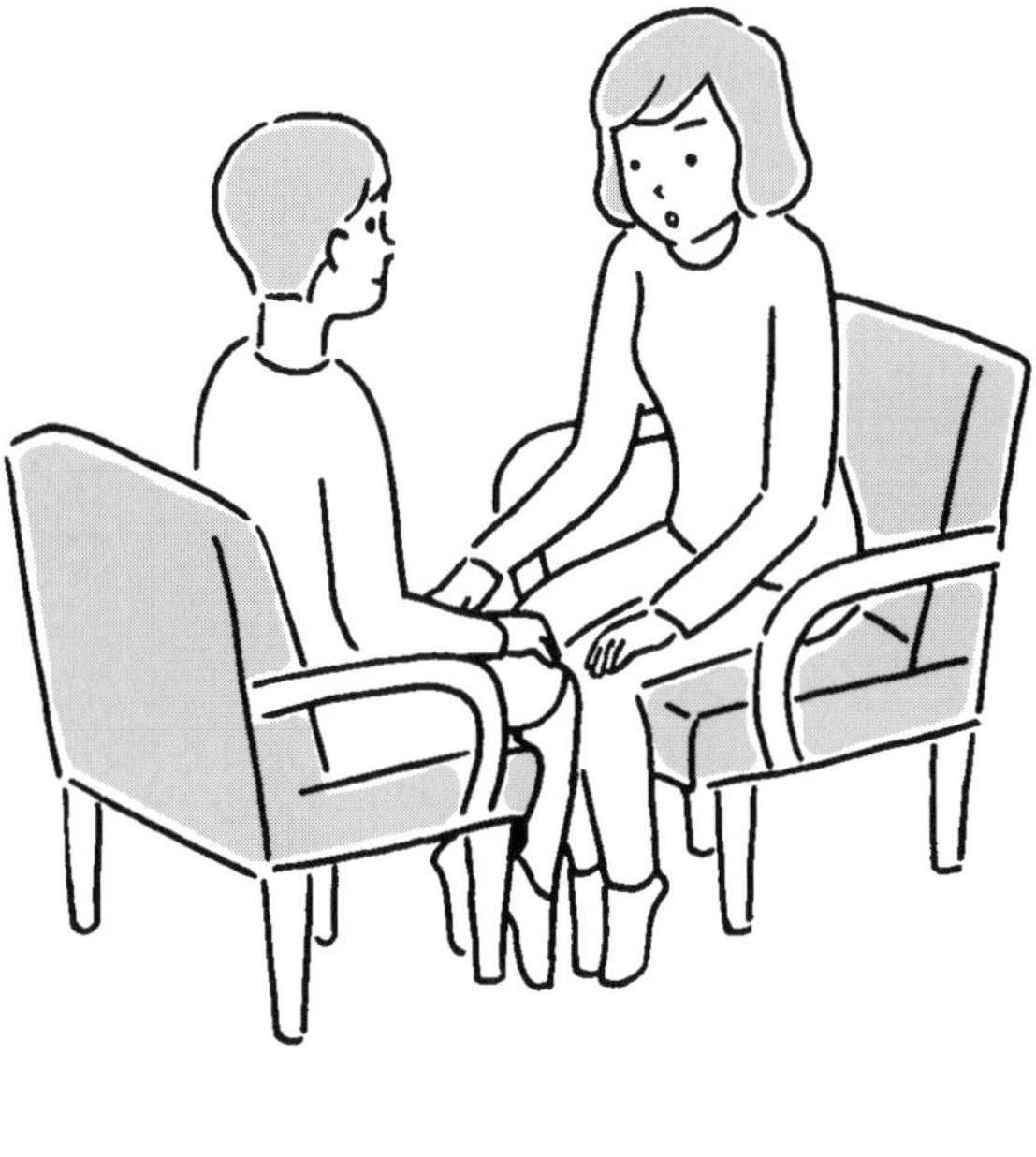

〝ほめる〟と〝叱る〟のバランスで、子供のやる気を引き出す

とある心理学の実験で、授業のやり方によってどれだけ学習効果が変わってくるかを調べた研究があります。

授業のやり方は①徹底的にほめる　②常に叱る　③ほめも叱りもせず、淡々と進める（要するに生徒をほぼ無視）の3パターンでした。

結果、一番学習能力が低かったのは③、次いで②、一番学習能力が高かったのは①でした。

このように、**子供のやる気を引き出す、能力を伸ばすには声がけが重要で、中でもとにかく〝ほめる〟ことが大切なんだと心理学でも実証されています。**

ご家庭でも、まずはお子さんを〝ほめる〟ことです。研究結果からも出ていま

すが、一番してはいけないのは〝無視〟〝無関心〟です。

さらに付け加えるとすれば、〝ほめる〟の効果を高めるために、たまに〝叱る〟というスパイスも取り入れるといいと思います。

消極的だったり、おとなしかったり、あるいは自分に自信のない子には徹底的に〝ほめる〟でいいでしょう。それとは逆に**積極性があり、自信家タイプの子供の場合は、たまに〝叱る〟スパイスも入れていくと、子供の持てる能力を効果的に伸ばすことができるはずです。**

〝叱る〟場合も、「あきらめるな、お前ならできるよ！」とあくまでもポジティブな言葉をかけることが大切です。

子供のやる気を引き出すには、まずは〝ほめる〟、そして〝叱る〟スパイスもたまに入れていく。ぜひ、普段の生活に取り入れていただきたいと思います。

ほめるタイミング
――結果が出た時ではなく、努力した時にほめる

本書では〝子供のほめ方〟についていろいろと触れていますが、ではどういう時にほめるのが一番いいのでしょうか。そのタイミングについてお話ししたいと思います。

年がら年中ほめていたら、ほめる効果は薄れてしまいますから、タイミングを計って「ここぞ」という時にほめることが大切です。

では「ここぞ」というタイミングはいつか？

試合に勝った後でしょうか？

ヒットを打った時でしょうか？

それともよいピッチング、よい守備をした時でしょうか？

私からすると、それらのタイミングはすべて間違いです。子供の能力を伸ばそうと考えるなら、結果が出た時にほめるのではなく、努力した時にほめてあげるべきです。

結果だけをほめると、結果を出せる能力のある子供ならいいですが、まだまだ結果を残せない未熟な子供はまったくほめてもらえなくなってしまいます。

しかし、**努力していることに光を当ててあげれば、子供たちは努力を続けていくようになります。**

その努力の継続がひいては〝よい結果〟につながっていくのです。

お子さんの努力に光を当ててあげ、「以前はこれしかできなかったのに、今はこんなにできるようなった。えらいね！」「こんなに練習をがんばれるなんてすごいね！」とほめてあげる。

結果ではなくプロセスを重視することで、自然とよい結果がついてくるようになるはずです。そしてその自信の積み重ねが、プレッシャーをはねのける強い心をはぐくんでいくことになります。

ですから、保護者のみなさんはお子さんの「以前までできなかったことが、今はできるようになった」ことを見逃さないようにしてください。

子供の言い訳には、ステップアップするためのヒントが隠されている

やるべきことをやっていなかったり、あるいはいけないことをした時に子供は親に対してよく言い訳をします。そしてそんな時、親は「言い訳ばかりしてるんじゃありません！」などと怒ってしまうものです。

でも、こと野球に関しては、子供のこの〝言い訳〟を聞いてあげてほしいと思います。

〝言い訳〟は決してネガティブなだけの存在ではありません。なぜなら、子供の言い訳の中に、ステップアップするための答えが秘められているからです。

「あの時、○○していたら……」

「あの時、もっと○○していれば……」

反省している時、子供の口からそんな「たられば」が出てきたとしたら、そこには次への一歩が含まれています。

「○○していれば……」と思ったのであれば、次からはその「○○」ができるように、練習をがんばればいいのです。

つまり、「たられば」の中にある言い訳が、これからどういう練習をしていけばいいかを語ってくれているわけです。

また、**子供に対して「がんばれ、がんばれ」とプレッシャーだけを与え続けるのはよくありませんから、〝言い訳〟のような逃げ場所を与えてあげることも大切なのです。**

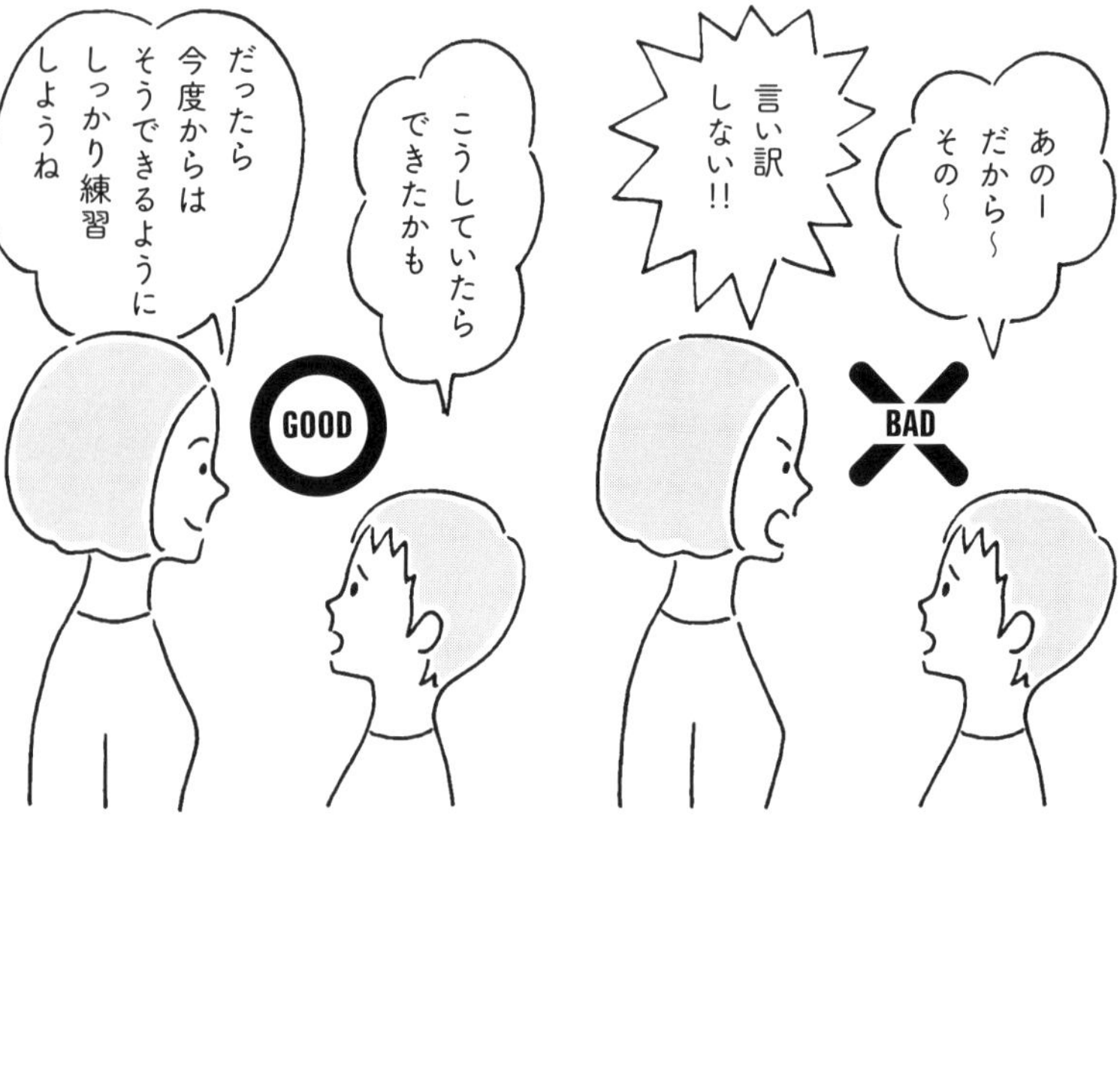
だったら
今度からは
そうできるように
しっかり練習
しようね
こうしていたら
できたかも
GOOD
言い訳
しない!!
あのー
だから～
その～
BAD

子供には引き算ではなく、足し算的なアドバイスをしよう

「お前は足が遅いから、もっとランニングしろ」

「お前はパワーがないから、もっと筋力をつけろ」

このような「○○できないから□□しろ」という言い方は、フラットな通常の状態から引き算で一段下げられてしまっているわけですから、スタート地点がすでに「マイナス」です。

始める前からマイナスの状態にされてしまったら、人はなかなかポジティブにはなれません。ポジティブになれなければ楽しくもありませんから、「○○できないから□□しろ」の練習は長続きもしないでしょう。

私がおすすめする言い方は〝足し算のコーチング〟です。

「お前は〇〇と□□ができるから、今度は△△もやったらもっとうまくなるんじゃない？」

そんなふうに、できていることをまずは認めてあげて、そこにプラスする形で新たな練習方法などを指し示すのです。

例えば、身体の動きのダメなところを指摘するのにも、「〇〇がダメだ！」とマイナスの言い方をするのではなく、「お前は〇〇もできているし、□□もできている。だからあとは△△ができるようになればもっとよくなるよ」と足し算的に指摘するといいと思います。

「〇〇もできているし、□□もできているよ」と言われたら、子供はほめられているように感じます。

「そうか、俺にはできていることがいっぱいあるんだ」と感じれば、新たなことにチャレンジする前向きな気持ちも生まれ、いろんなことに積極的に取り組むようになるはずです。

親は、当たり前のことを当たり前と思わず、自分の子供が「何ができるように

GOOD
ここまで
できたんだ
あと○○をしていけば
もっと上手に
なるんじゃないか？
BAD
とぼとぼ
何であんな
簡単なことが
できなかったんだ！

なったのか」をしっかり見てあげるようにしてください。

そしてその上で、よりよくなるための道を示してあげてほしいと思います。

選手が調子の悪い時に「調子悪いねー」と言ってはいけない

例えば、あなたのお子さんが最近ヒットを打っていないとしましょう。

そんな時、軽い気持ちで「最近、ヒット出ないねー」とお子さんに言ってしまったことはありませんか？

調子の悪い選手に「調子悪いね」と言うのは、傷口に塩を塗りこんでいるようなもので、言ったほうは軽い気持ちでも、言われたほうは相当に傷ついてしまいます。

スランプに陥っている選手に対しては、悪いことやその原因を直接指摘するの

ではなく、「いいところはいっぱいあるんだから、ここをこうしたらもっとよくなるんじゃない？」というような言い回しで伝えるのが一番です。

また、もしスランプになっているお子さんから「最近、調子が悪いんだ」というような相談を受けたら、「そうだね、調子悪いよね」と同調することは絶対にやめてください。

そんな相談を受けた時は「えっ、お前、自分が調子悪いと思ってるの？」と、はぐらかすようにするといいと思います。要は「調子が悪いなんて思いすごし」だと思わせるのです。

「最近の試合もずっと見てるけど、調子は全然悪くないと思うけどな」と言ってあげてください。

「飛んだ場所が悪くて、たまたまヒットになっていないだけ。ヒットが出るのも時間の問題じゃない」と。

調子が悪い時期が続くと、人間は悲観的になってしまうものです。でもそんな時こそ親は「え、そんなことないよ。全然大丈夫だよ」とお子さんを明るく、励ましてあげてください。

よく言われることですが、明けない夜はありませんし、やまない雨も決してないのです。明日は明日の風が吹く。今日の失敗に囚われずに、明日に向かって生きていく。

調子の悪い選手には、無理にでもいいところを見つけて、そこを中心に明日への改善点をプラスの方向で言ってあげればいいのです。

あきらめない心をはぐくむには、ユーチューブを見せる

「うちの子は試合で負けていたりすると、すぐにあきらめちゃうんですけど、あきらめずに粘り強く戦う気持ちを持ち続けるようにするには、どうしたらいいんですか」

とたまに保護者の方から質問を受けます。

すぐにあきらめてしまう子に対して「あきらめちゃダメだ」「最後までがんばろうぜ」と言っても、なかなか心には響きません。

では、そういった子の心に響くように「あきらめない心」の大切さを伝えるには、どうしたらいいのでしょうか。

私がおすすめする心のトレーニング方法。それは子供に動画共有ポータルサイト・ＹｏｕＴｕｂｅ（ユーチューブ）を見せることです。

ユーチューブで「奇跡」「大逆転」などの言葉で検索をかけると、いろんなスポーツの大逆転シーンを見ることができます。

甲子園の高校野球で最終回に大逆転した、バスケットボールで残り数秒で奇跡の大逆転ロングシュートが決まった、などユーチューブにはスポーツのいろんな逆転シーンがアップされています。

これらの大逆転シーンを子供と一緒に徹底的に見るのです。それもたった一回ではダメです。

毎日とは言いませんが、**頻繁にそういった大逆転シーンを見ることで、子供は「あきらめなければ逆転できるんだ」「奇跡は奇跡じゃない。誰でも起こすことができるんだ」と思えるようになります。**

大逆転シーンをたまに見るから「奇跡」なのです。それをしょっちゅう見ていたら、それは「奇跡」ではなく、「当たり前」になります。

ですから、お子さんの中に最後まであきらめない粘り強さをはぐくむには、「奇跡の大逆転」が当たり前に思えるような環境を親がつくりだしてあげればいいのです。

YOU
奇跡の大逆転
スゴイ!!
オレにもできるかも
おっまた見てるのか〜?
試合で——
オレにも打てた〜!!
サヨナラヒット!!

礼儀や挨拶を大人は
どう子供に教えていけばいいのか

「最近、挨拶できない子が増えたよねー」

この言葉は、最近よく私が聞く言葉ではありません。いつの時代にも言われてきた「大人がよく使う言葉」のひとつです。

仕事の現場でも「最近の若手って挨拶しないよなー」という言葉をたまに聞きますが、私はそのたびに「それって、俺たち先輩が積極的に挨拶しないからじゃないの？」と感じます。

年長者は、挨拶に関してはどうしても受け身になりがちです。「挨拶は年下からしてくるのが当たり前」と思っている人が多いようですが、私は年上だからこそ、積極的に周囲に挨拶をしていくべきだと思います。

よっぽどの変わり者でもない限り、「おはよう！」と挨拶されて無視する人はいないはずです。

きっとお子さんの所属する野球チームでも「挨拶、返事は大きな声で」などといったチームの方針があるでしょう。

もし、自分のお子さん以外に、**挨拶できない選手がいたとしたら「あの子は挨拶もできない」と批判するのではなく、大人のほうから積極的に「おはよう」「こんにちは」と声をかけてあげてください。**

そういうことを続けていけば、その選手も保護者も「あ、このチームは挨拶をすごく大事にしてるんだな」と気づいてくれるはずです。

そして子供たちは、そのような大人たちの姿勢を見て、いろんなことを学んでいくのだと思います。

なぜキューバやアメリカの打者はスケールが大きいのか

私の少年野球時代の話をちょっとしたいと思います。小学4年生でチームに入り、体格もよかった私は、しばらくすると試合にも出られるようになりました。でも、当時の指導者はどのチームも「怒鳴ってなんぼ」の人たちばかりです。打席に立って三振しようものなら「ドアホ！ お前は引っこんでろ！」とすぐにベンチに下げられてしまうことが続きました。

そんなことが続けば下げられるのは嫌ですから、次に出場した時には三振を恐れ、縮こまったスイング（当てにいくようなバッティング）になってしまっていました。

このようにかつての日本のスポーツ界は、指導者の威圧によって選手を縮こまらせてしまうような指導が横行していました。

一方、以前テレビの取材で訪れたキューバでは、大人たちが子供たちにのびのびと野球をやらせていました。

小学校低学年くらいの小さな子だと、フリーバッティングでは10球でも20球でも、平気で空振りします。

日本だったら「お前にはフリーバッティングはまだ早い。あっちでティーでもしてなさい」となるところですが、キューバの指導者たちは違いました。

指導者たちはバットに当たる気配がまったくない選手にも、「ナイススイング！」と言い、他の選手たちと同様に10球でも20球でもバッティングを続けさせます。そして、たまたま1球当たったりすると「ナイスバッティング！」とみんなで大喜びするのです。

みんなから「ナイスバッティング！」とほめられた少年は、とてもうれしそうな顔をしていました。

私はキューバの少年野球の指導を見ていて、なぜキューバ出身の選手はスケールが大きいのかを理解しました。

彼らはきっと、三振しても私のように怒られたことがないのです。**三振しても「ナイススイング！」とほめられる環境で育ち、その中でフルスイングの大切さを学び、誰よりもボールを遠くに飛ばす技術を身体で覚えていったのです。**

ですから、みなさんも自分のお子さんが三振しても「今日のスイング、思いっきり振ってってとってもよかったよ！」と言ってあげてください。

日本からアメリカやキューバのようなスケールの大きい選手を生み出すには、少年野球のような野球界の裾野から意識改革をしていく必要があります。

少年野球にかかわる保護者のみなさんにはその力があるのですから、ぜひ子供たちと一緒にがんばっていただきたいと思います。

NICE SWING!!
もういい!!
ベンチに
下がってろ!

野球だけうまければいいわけではない。その後の人生も考えて

大学を卒業してからしばらくの間、私は大阪のスポーツ医学研究所に勤めていました。この研究所は関西では有名な存在で、将来有望とされる小・中学生の野球選手もたくさん通院していました。

その中からプロ野球選手になった選手（元オリックス・バファローズの谷佳知さんや現広島東洋カープの黒田博樹投手など）もいれば、ケガによって野球をあきらめなければならなくなった選手もいます。

小学生から野球を始めた選手たちも、上に進むにしたがって野球から離れていく人数は増えていきます。離れる理由にしても自分の実力を悟ってやめる人、ケガによって野球をあきらめる人、新たな道へと進む人など、さまざまでしょう。

中学から高校、高校から大学、そして社会人と、人生の階段を上がっていくにつれて、野球から離れる人の数は増え続けます。

高校野球、大学野球、社会人野球、プロ野球。いずれも実力勝負の世界です。

「誰もがプロ野球選手になれるわけではない」

この事実を、私は少年野球でプレーする選手たちにも知っておいてもらったほうがいいと思っています。

例えば「プロ野球選手になる」と野球一辺倒で生きてきた選手が、高校時代にケガなどで野球をあきらめざるを得なくなったとしたら……。

高校時代、ろくに勉強もしなかった生徒がいきなり社会に出されたら、そうそう簡単に生きていくことはできないでしょう。

私も高校時代、肩のケガが治らず、「野球をやめたとしたら、俺はこの先どうやって生きていったらいいんだろう」と途方に暮れたことがあります。

私の場合は幸いにもこの時の絶望がその後、コンディショニングコーチの道を進むきっかけとなりましたが……。

仮にプロ野球選手になって30歳までプレーできたとしても、その後の人生のほうがそれまでの野球生活よりもはるかに長いわけです。

野球から離れた時に「野球以外、何もできない」という状態では、社会で生きていくことはできません。

その事実をしっかりと受け止め、「野球は大好きだから続ける。でも野球から離れた〝次〟のことも考えて、そのための備えをしておく」ことも大切なのです。

第3章

こんな時、こんな子には こうアドバイスしよう！

シーン別 声のかけ方

試合前に子供にかけるべき言葉とは

アメリカ映画『モンキー・リーグ』（内容はチンパンジーがマイナーリーグの野球チームでプレーするという奇想天外なスポーツコメディ）の中のワンシーンで、こんな場面があります。

プロテストを受けに行く農家の青年。彼はこの日のために、一年間、地道な自主トレを続けてきました。

家を出て行く息子に父親は「楽しんでこいよー」と声をかけます。すると息子はこう返すのです。

「野球が楽しいのは当たり前じゃん！」

アメリカの野球映画では、たびたび「野球を楽しむ」というようなセリフが出てきます。これは、野球を〝遊び〟ではなく〝野球道〟という精神鍛錬の場として捉えてきた日本人にはあまりない感覚です。

みなさんもお子さんをグラウンドへと送り出す時のことを思い出してみてください。その時にかける言葉は、「がんばって！」が多いのではないでしょうか？

ニューヨーク・メッツでコーチをしていた時、こんなことがありました。

プレーオフ進出をかけた大事な一戦を前に、私は実際にプレーする選手でもないのになぜか緊張していました。

しかし、試合前のロッカールームを見渡すと、選手たちはみなリラックスしています。私は不思議に思い、その中のひとりの選手に「何でみんな緊張しないいんだ？」と聞いてみました。すると、彼はこう言いました。

「俺たちは19時になったら子供に戻れるっていうのに、何で緊張しなくちゃいけないいんだ？」

そうです。彼らは、子供のころからまったく変わらない気持ちで、心の底から野球を楽しんでいたのです。

野球の試合が始まる瞬間、審判は「プレイボール！」と声をかけます。直訳すれば「ボールで遊べ！」ということです。

かつての野球道として、野球をやってきたお父さんたちは「野球を楽しむ」ということに抵抗や照れくささを感じることがあるかもしれません。

でも、〝試合〟は〝試し合い〟と書くように、**日本語だって「お互いに試し合えばいいんだよ」と言っているわけです。**

日本がアメリカのように「野球を楽しむ」ことがいきなりできるようになるとは思いませんが、私たち大人が「野球を楽しもうよ」と言い続けることが何よりも大切なのではないでしょうか。

♪
楽しんで
こいよ!
うん
がんばって
こいよ!!

子供のエラーで試合に負けた時、どう接すればいいのか？

試合中のエラーはよくあることですが、それが自分の子供、ましてやそのエラーによってチームが負けたとなると……。

「エラーの話をしたら子供の心を傷つけるかもしれない。でも、チームに迷惑をかけたのは事実。いったい子供とどう接すればいいのか……」

親御さんも複雑な心境になると思います。

お子さんを思うあまり、試合やエラーのことにはまったく触れず、腫れ物に触るような対応もいただけませんし、チームのことを思うあまり「お前のせいでチームが負けてしまった」などと失敗を責めてもしょうがありません。

重要なのは子供をかばうことでも責めることでもなく、「この失敗を次にどう

生かすか」です。

私が親だったら、「ドンマイ、気にすんな」というなぐさめ方はしません。なぜなら、その失敗を多少は気にしていかないと、本人のためにも、チームのためにもならないからです。

では、エラーをして沈み込んでいる子供に対してどう接するか。

私なら「やっちゃったね」という、軽い感じでまずは話を振ってみると思います。「やっちゃったね」と言ってから、「ここからまた一生懸命練習して、次は『お前のおかげで勝てた！』とみんなが言ってくれるような試合をしよう」。そんな声をかけてあげると思います。

先月は追いつけなかった打球が捕れるようになった。先週は打てなかったボールが打てるようになった。

失敗は、そうやって成長していくための大切なエネルギー源です。

「失敗しちゃったね。でもこれで成長できるね」

何事もポジティブに捉えていけば、失敗すらも成長の材料とすることができる

のです。

「力むな！」で力は抜けない。子供への正しい力の抜かせ方

バッターボックスで緊張のあまり硬くなっているバッターに向かって、あるいはマウンドで力みまくっているピッチャーに向かって「力を抜け！」とか「楽に、楽に！」、「リラックス、リラックス！」と親御さんやベンチが声をかけているシーンをよく見かけますが、こういった声がけはあまり効果がありません。

硬くなったり、力んだりしている子供には逆に一度、瞬間的に思いっきり力を入れてから、その直後に一気に力を抜かせるといいのです。

グーッと一気に全身に力を入れて、直後に力を抜く。この力を抜いた状態が「リラックスしている状態」です。お子さんには「そう、その状態が〝楽〟な状

態なんだよ」と教えてあげてください。

また、緊張を解く、あるいはリラックスする方法としてもうひとつ、〝深呼吸〟があります。

この時の呼吸法は基本的に、「鼻から吸って口から吐ききる」です（腹式呼吸と呼ばれる方法）。

鼻から息をゆっくりと吸って、口からゆっくりと吐ききる。これを4～5回繰り返すことによって子供は落ち着きを取り戻すはずです（実際にこの深呼吸をすることで、心拍数も下がります）。

深呼吸は心を落ち着かせる効果だけでなく、これをルーティーン化することで〝暗示〟にもなり、緊張しにくい精神状態をつくり出すこともできるのです。

一番緊張するのは、ネクストバッターズサークルにいる時だった！

以前、私は研究のひとつとして試合の攻撃の時に、選手たちの心拍数が一番上がるのはどの瞬間か調べてみたことがあります。

二塁打、三塁打などを打って走った後に心拍数が上がるのは当然ですが、それ以外のそれほど身体を動かしていない場面では、打席の中、とくにチャンスの時やバントのサインが出ている時、あるいはランナーとして盗塁のサインが出ている時などに心拍数が一番上がるのではないか。私は、そう予想しました。

しかし、調査の結果はそれらのどれも当てはまりませんでした。

選手たちの心拍数が一番上がっていたのは、なんと「ネクストバッターズサークルにいる時」だったのです。

バッターボックスに入ったら、あとはピッチャーの投じるボールに集中するだけですが、ネクストバッターズサークルでは、いろいろと考える時間ができます。

他の球技を見ると、考える〝間〟などあまりありませんが、野球にはこの〝間〟が結構あり、とくにネクストバッターズサークルではあれこれと思いをめぐらせてしまうものです。

「チャンスで俺に打順がまわってきた。ヒーローになれる。これはおいしいぞ！」と前向きに状況を捉えられる子供ならいいですが、「あ、やばい、打てなかったらどうしよう!?」などとネガティブに考えてしまうと、よくないことが次々と頭に浮かんできてしまい、余計に緊張したり、心拍数を上げてしまったりするのです。

ですから、**緊張しやすいタイプの子供には、前項で説明した深呼吸を「ネクストバッターズサークルで必ず5回するんだよ」と言ってあげるといいと思います。**

BAD
力むなよ!!
カチンコチン!
GOOD
いい？　バッターボックスに
入る前に鼻から息を吸って～
口から吐いて～をくり返してね
リラックス…
ス～～
ハア～～

打席に入ったバッターに細かいことを言っても逆効果

打席に入ったバッターは、ピッチャーに集中します。もちろん、ランナーの状況を把握したり、相手の守備位置を見たり、監督のサインを見たりとバッターにはいろいろとすることはありますが、基本的には「ピッチャーに集中」しなければヒットを打つことはできません。

少年野球の試合を見ていると、テイクバックがどうの、重心がどうの、タメがどうのと、バッターに対して細かい技術的な指導をしている監督やコーチ（あるいは親）がいますが、バッターはピッチャーに集中していますから、細かいことを言ってもあまり効果はないと思います。

それどころか、バッターはその指導によって集中力が乱されてしまいますから、むしろ逆効果でしょう。

私から見ると、試合中のバッターやピッチャーに細かい指示を出している大人は、「自分は野球を知ってますよ」ということをアピールしているだけにしか見えません。

現場で戦っている真っ最中の選手に対し、技術的な細かいことを伝えたとしても、それを実行できる選手はほとんどいないでしょう。これは少年野球に限らず、私が生きてきたプロ野球の世界でも同じです。

細かい技術指導は練習の時に行うべきであって、試合中ではありません。

保護者のみなさんが自分の子供に対して、声援を送りたい、手助けしたいという気持ちは痛いほどわかりますが、それは家で自主トレなどをしている時に言ってあげてください。

私の考える少年野球でバッターがやるべきこと。それは次のふたつです。

「ボールをよく見る」

「思いっきり振る」

バッターボックスに入ったら、とにかく徹底的にボールをよく見て、あとはひっくり返るくらい思いっきりバットを振ればいいと思います。

ですから、バッターボックスに立つお子さんにかける言葉も、このふたつで十分なのです。

子供が野球をやめると言った時、どんな言葉をかければいいのか？

私の息子は、現在も野球を続けていますが、彼が高校球児だったころ、一度だけ「俺、高校で野球やめようかな」と言ったことがあります。

そのころ、キャプテンだった息子は試合でいいプレーができず、いろいろと行き詰まっていたようです。ある日、ポロッと母親に「大学は行くけど、野球は高校でやめようかなぁ……」と言ったのです。

息子は小学生時代からそれまで、一度も「野球をやめる」などということは口にしませんでした。

もちろん、私も息子にはできる限り野球を続けてほしいと願っていましたから、妻からその話を聞いた私は「これは何とかしなければ」と思い、息子と話す時間をつくることにしました。

まず私は、「野球を続けろ」と言うのは逆効果だと考えました。興奮している相手に向かって「落ち着け」と言ってもあまり意味がないように、「やめたい」と言っている人間に「続けろ」と言っても、考えを変えるとは思えませんでした。

そこで私は基本に立ち返り、野球が好きなのか、嫌いなのか、そのことを聞くことにしました。「野球が嫌いになった」という人間に、無理に野球を続けさせるわけにはいかないと考えたからです。

私は息子に「野球以外にやりたいこと、好きなことができたのか？」と聞いてみました。すると息子は「いや、そういうものはない」と言います。

そこで私は過去にたくさん見てきた「ケガによって野球を続けられなくなった選手たち」の話をしました。

野球が大好きなのに、ボールが投げられなくなってやめていった選手がどれほどいるか。野球を続けたいのに、ケガによってあきらめなければならなくなった選手が日本中にたくさんいるのです。

そして、私はそんな選手を今後ひとりでも減らしたいと思い、この職業を続けていること、さらに「お前には丈夫な身体があるじゃないか。大好きな野球が思いっきりできているじゃないか」と息子に伝えました。

すると息子は、モヤモヤした思いが吹っ切れたのか、それからは再び野球に打ち込むようになりました。

息子は今、大学4年生となり、野球部ではクリーンナップを打っています。

この先、野球を続けるのかどうか、それは私にもわかりませんが、どんな道を選ぼうとも私は親として息子のフォローは続けていこうと思っています。できれば社会人野球でもいいので、続けてほしいとは思っていますが（笑）。

タイプ別 声のかけ方

初球から打てない選手
——待ち球が来たらフルスイングする！

バッターボックスに入った初球、ど真ん中の甘いボールが来たのにもかかわらず、見逃してしまう消極的な選手が結構います。

初球がアウトコースいっぱいの厳しいボールであれば、それは打ち損じる可能性が高いですから、無理に打ちにいく必要はありません。

しかし、**ど真ん中の甘いボールはヒットになる確率が高いですから、初球からどんどん積極的に打っていくべきです。**

でも、おとなしい性格だったり、引っ込み思案な性格の子は、なかなか初球から積極的に打っていくことができません。

このような**消極的な選手には「ここに来たら、絶対に振る」という〝待ち球〟のコースを設定してあげればいいと思います。**

ど真ん中から高めにかけてのゾーンはどんな選手にも打ちやすい〝ヒットゾーン〟です。日頃の素振りなどでそのコースをしっかりと意識し、「ここに来たら、絶対に振る！」と思ってスイングをする。そして試合でそのコースにボールが来たら「とにかく思いっきり振れ」とお子さんに言ってあげてください。

毎日そういった練習を繰り返せば、初球の甘い球を見逃すことはきっとなくなってくると思います。

見逃し三振の多い選手に効果的な声がけと練習法

消極的な選手の中には、2ストライクを取られてからの際どいボール（コースぎりぎり、低めいっぱいなど）に手が出ず、見逃し三振をしてしまう選手が結構います。

こういった選手の場合、「2ストライクになったら、ストライクゾーンを広くして、多少ボール球だと思っても打っていくんだよ」と言っても、なかなか見逃し三振が減らないものです。

消極的な選手の場合、「よし、いっちゃえ！」という思いっきりがありませんから、その〝思いっきり〟をつけるには、練習するしかありません。**バッティング練習を重ねることでストライクゾーンを身体で覚えるのと同時に、〝思いっきり〟を身につけていくのです。**

普段、バッティングセンターなどに行った時、お子さんに「じゃあ、今日打つボールは全部2ストライクを取られた後のボールだと思って打ってごらん」と言ってみてください。多少ボールだと思っても食らいついて打っていく。

そういった練習を重ねていけば、見逃し三振は確実に減っていくと思います。

また、見逃し三振の中には「消極的で手が出なかった」ものの他に、本人がボール球だと思って振らなかった〝見送り三振〟があります。見逃し三振と、見送り三振は意味合いが違います。

大人から見てもその投球が「明らかにボール」だった場合は、「振らなかった判断はお前が正しい」と言ってあげてください。そうしないとボール球に手を出すバッターになってしまいます。

ただ、審判も人間ですから、ミスもします。さらに審判によってストライクゾーンも変わってきますから、そういったことも含めてお子さんに説明してあげるといいでしょう。

盗塁で思いきってスタートの切れない選手には

本当は足が速いのに、盗塁をしようとしてもうまくスタートが切れないため、盗塁数を伸ばせない選手というのは結構います。

こういった選手が**盗塁できないのは、消極的だからでも思いっきりがないからでもありません。要は〝経験〟が不足しているだけなのです。**

ですから、**足が速いのに盗塁に臆病な選手には、とにかく練習を積ませるしかありません。**

チームでの練習はもちろんですが、親がピッチャー役になってスタートを切る練習をするのがいいと思います。これはボールも必要なく、家の中でもどこでも練習できます。

まずはお子さんに「自分はリードをどれだけ取っていいのか」をしっかり確認してもらってください。すばやく塁に戻れるセーフティリードの幅はどのくらいなのか、普段からしっかりと身体に覚えさせておく必要があります。

そして、けん制球が来た時にすばやく塁に戻る（帰塁）練習も同時にしておくといいでしょう。

力はあるのに、本番に弱い選手には

練習ではものすごい力を発揮するのに、本番になるとまったくダメ……。

このような選手は、少年野球だけでなくプロ野球にも結構います（笑）。

こういったタイプの選手に、本来持っている力を本番で発揮してもらうには、普段の練習から〝本番〟のような臨場感あふれる練習をする必要があります。

私はとある大学野球部のコーチをしていたのですが、その大学では普段の練習から「試合の時の球場の応援・歓声」をＢＧＭとして大音量で流すようにしていました。

例えば、打撃練習の時は自分の大学の応援団による応援を流し、守備の時は対戦する相手の大学の攻撃応援歌を流すのです。

こういった臨場感あふれる演出を普段の練習に取り入れることは、指導者でないとなかなかできませんが、保護者のみなさんにもできることがあります。

それは、**お子さんに普段の練習時から「練習も本番と思って取り組む」ことを意識させていけばいいのです。**

盗塁練習であれば「この盗塁を失敗したらチームが負ける」と思って盗塁するようにする。バッティング練習なら「三振したらチームは負け、ヒットを打ったらサヨナラ勝ち」と思ってスイングする。

こういった試合に似た状況を自分で設定し、プレッシャーを自分自身でかけ続けていくことが「本番に強い」精神をはぐくんでいきます。

「練習のための練習」ではなく、「試合に勝つための練習」をしていかなくてはいけないのです。

練習ではストライクが入るのに、試合になると入らなくなってしまう選手には

「本番に弱い選手」のピッチャー版といえるこのような選手には、普段のピッチング練習からバッターを立たせるなどして、実戦に近い経験を数多く積んでもらう必要があります。

また、前項で説明したように、ピッチャーにも普段の練習の時から「本番と思って取り組む」ことを教えてあげてください。

例えばピッチング練習の時、**「最終回、2アウト満塁、カウントは3ボール2ストライク。1点差で勝っている。抑えれば勝利投手、ボール球を投げればフォアボールで同点、置きにいった甘い球を投げてヒットを打たれたらサヨナラ負け」というシチュエーションを自分で設定してピッチング練習をするのです。**

さらに、**もうひとつおすすめしたいのが、「その日のピッチング練習の1球目に必ずストライクを投げる」という練習方法です。**

〝1球目〟はその日に1球しかありません。つまり1日にワンチャンスしかないということです。このワンチャンスをものにするか、しないか。こういったプレッシャーを自分自身でかけ続けていくこともとても大切です。

また、少年野球ではランナーを出した途端に崩れていくピッチャーをよく見かけますが、ああいったタイプのほとんどは普段からセットポジションで投げる練習が不足していると考えられます。

セットポジションに慣れていないため、ランナーに盗塁され放題で、ランナーが気になって気になってしょうがない。そんな悪循環に陥って、自分を見失ってしまうのでしょう。

ですから、そんなピッチャーは練習でもセットポジションで多く投げるようにし、「ランナーなんか気にしなくていいから、キャッチャーのミットを目がけて思いっきり投げなさい」と言ってあげればいいと思います。

悔しくて泣いている子供とは、どう接するのが効果的か

公式戦で負けた後、悔しくて泣いている子供をよく見かけます。

「泣いているヒマがあったら練習しろ」と我が子に厳しく接する保護者の方もたまにいらっしゃいますが、私は子供が泣きたいだけ泣かせてあげればいいと思っています。

もし、私が親だったら「お前に10分やるから、思いっきり泣いてこい」と言います。お前の気持ちはよくわかるから泣くだけ泣いてこいと。でもそのかわり、泣いていい時間を設定するのです。

大人もそうですが、**人は気がすむまで泣くだけ泣くと、その後はわりとすっきりするものです。**

〝泣く〟という漢字を見てください。さんずいに〝立つ〟と書きます。

これは、「涙を流したら、また立ち直れるよ」ということを意味しているのではないでしょうか。

〝涙〟という字だって、さんずいに〝戻る〟と書きます。

これも私には「涙を流した後は、元の自分に戻れるんだよ」と言っているように見えます。

ですから、早く気持ちを切り替えるためにも、泣きたい時は我慢せずに思いっきり泣けばいいと思います。

泣くだけ泣いて、一度落ち込むだけ落ち込んで、そこから気持ちを切り替えて再スタートを切る。それが大切なのです。

「自分が一番うまい」と勘違いしている子供には、もっと上のレベルを意識させる

守備やバッティングの技術において、他のチームメートよりちょっとうまいからといって「俺って結構イケてる」と調子に乗ってしまう選手がよくいます。

こういったお調子者タイプは、ほめすぎるとさらに調子に乗りますし、「調子に乗ってんじゃない！」と言葉で叩いても変にへこんでしまったりして、扱いがちょっと面倒です。

「自分はうまい」と勘違いしているタイプには、「自分よりもっとうまい選手がたくさんいる」ことをわからせるのが一番です。

この時肝心なのは、比較する選手はプロ野球のような、レベルの圧倒的に違う選手がいいと思います。

比較する選手の年齢がお子さんと近かったりすると、変な焦りが出てきてしまったりするからです。

そのために、プロ野球観戦に行ってもいいでしょうし、テレビやユーチューブで大好きなプロ野球選手のプレーを見てもいいと思います。

「お前、うまくなったな。だけどこの人のプレー見てみな。野球選手って上手になるとこんなこともできるようになるんだね」と。

自分がうまいと調子に乗っている子供には、**「チームメートと比べれば確かにうまいかもしれないけれど、世の中にはもっともっとうまい人がたくさんいる」ことを、心を傷つけないように教えてあげるべきなのです。**

レギュラーになれなくて、やる気を失いそうな子供への声がけは？

私は今まで、プロ野球の他にも、高校野球、大学野球、社会人野球それぞれのいくつかのチームにコーチとしてかかわってきました。

レギュラーになれず、やる気を失いそうな選手はどんなチームにもひとりやふたりはいるものですが、私はそんな選手に対してよく、中日ドラゴンズで抑えピッチャーだった与田剛さん（現・東北楽天ゴールデンイーグルス投手コーチ）の話をします。

与田さんは千葉の強豪校から亜細亜大学、ＮＴＴ東京へと進み、１５０㎞を超える剛速球が評価され、１９９０年にドラフト1位で中日に入団しました。

こう聞くとエリートコースを歩んできたように思える与田さんですが、実は高校でも、大学でもそれほどの活躍はしていません。とくに大学時代は故障が多く、公式戦での登板機会はほとんどありませんでした。

ＮＴＴ東京野球部に入部できたものの、そこでもたいした活躍はできませんでした。そして「そろそろクビか……」という時期に実力を開花させ、１５０㎞の剛速球で全日本代表にも選出され、プロ入りを果たしたのです。

与田さん以外にも、「高校時代（あるいは大学時代）、実は補欠だった」というプロ野球選手は結構います。

広島東洋カープの黒田博樹投手、ボストン・レッドソックスの上原浩治投手、読売ジャイアンツの沢村拓一投手、彼らは今やプロの世界で〝超一流〟のピッチャーとして活躍していますが、高校時代は三人ともエースではなく、控えのピッチャーでした。

メジャーでも活躍した元・東北楽天ゴールデンイーグルスの斎藤隆投手は、なんと大学２年まで野手をしていたといいます。遊びでピッチャーをやっていたらそれが監督の目に留まり、大学２年からピッチャーに転向したのですが、そのまま野手を続けていたらプロ野球選手にはなれなかったかもしれません。

こういったプロ野球選手たちの例はたくさんありますから、今、他の選手より実力が劣っていてもまったく構わないと思います。

がんばっている選手を野球の神様は見ています。そして、がんばっている選手だけに、神様はご褒美を与えてくれます。

今、打撃や守備がうまくなくても、あるいは身体が他の子よりも小さくても、体力が劣っていても、子供たちには挽回できるチャンスがこの先いくらでもあります。

だから、野球が大好きなら、あきらめずにがんばろう。

やる気を失っている子にはそのように言ってあげてください。

第4章

可愛い我が子のケガを防ぐために、身体を強くしよう！

投球&打撃フォームのチェックポイント
――ケガをしやすいフォームとは

「子供には大きなケガをすることなく、大好きな野球をずっと続けてほしい」

親なら誰しもそう思っているはずですが、中学、高校と進んでいくと、中にはケガなどによって野球を断念しなければならない選手も出てきます。

この私も、肩のケガによって大好きな野球を大学時代に断念せざるを得ませんでした。

私の願い、それはただひとつ。

「選手のケガを減らし、大好きな野球に思いっきり取り組んでもらう」ことです。

そこで本項では、野球にあまり詳しくない保護者の方でも簡単に気づくことができる〝ピッチングフォーム〟〝バッティングフォーム〟のチェックポイントをあげ、どんなフォームが「ケガをしやすい」のか、お教えしたいと思います。

まず、投球フォームの場合、**踏み込んだ足が着地した瞬間、左肩と右肩を結んだ延長線上に利き腕の肘が来ているのが正しく、イラストのように下がってしまっているのは肘を痛めやすく、ケガにもつながります**（俗に言う「肘の下がった状態」）。

続いてバッティングフォームですが、イラスト◯のように**軸足（右バッターの場合、右足）がしっかり返っていれば（内側にひねっていれば）いい**のですが、イラスト×のように**踵が返っていない（内側にひねられていない）と股関節と腰の回転がうまく連動しませんから、股関節や腰に負担がかかることとなり、これもケガにつながります。**

投げる場合はお子さんの肘の位置、打つ場合は軸足の返り具合をしっかり見るようにしてください。

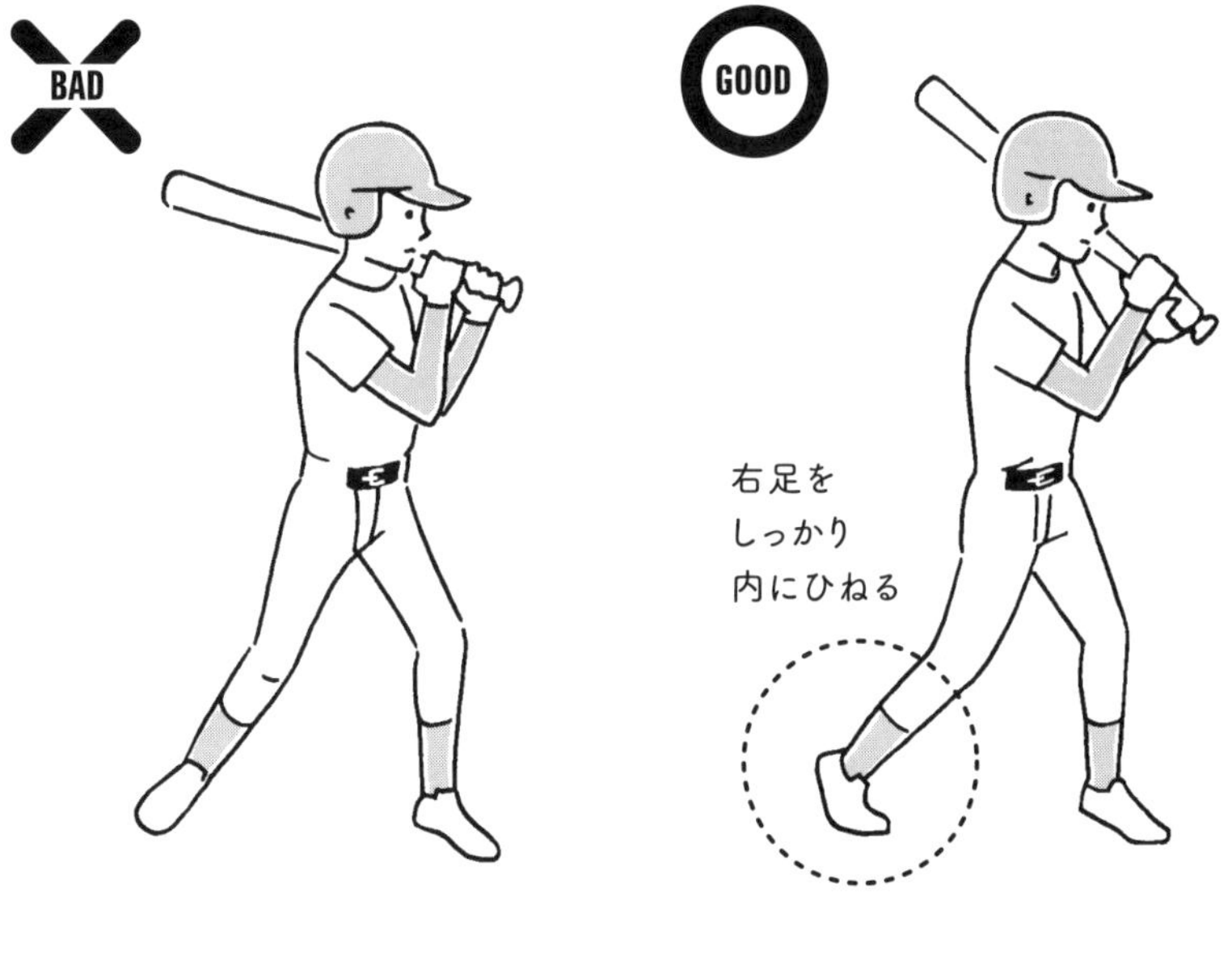
BAD
GOOD
右足を
しっかり
内にひねる

厳選！ お風呂の中でできる！簡単ケガ防止トレーニング

小学生くらいのお子さんにとって、決まったメニューのトレーニング（とくに筋トレのようなもの）を毎日欠かさず続けていくのは、なかなか難しいことかもしれません。

そんな時は、親子でお風呂に入った時に、湯船の中でこれから紹介する三つのトレーニングをしてみてはいかがでしょうか。

❶ 握力トレーニング

湯船の中で、お湯の抵抗を利用しながらグー、パー、グー、パーを左右50回ほど繰り返します。握力トレーニングでは、握る時だけではなく開く時にも力を入れるようにすると効果的です。

握力を鍛えることによって、野球でケガしやすい肘の内側の筋肉が鍛えられ、それが靭帯を守ることになります。

❷ 肩のインナーマッスルを強化する

これは肩のインナーマッスルを強化する「内旋・外旋」と呼ばれるトレーニングです。肘を90度に曲げ手の平を開き、お湯の中で肘から先を右、左にゆっくりと動かしてください。できれば左右30回ずつを2セット行いましょう。

肩のインナーマッスルを強化することで関節の動きが正しく保たれ、肩のケガの防止につながります。

❸ 股関節まわりのインナーマッスルを強化する

下半身運動の要となる股関節のインナーマッスルを強化するためのトレーニングです。湯船に腰かけた状態で、お湯の中で膝から下を左右に振ります。左右20

①グーパーグーパー ×50回

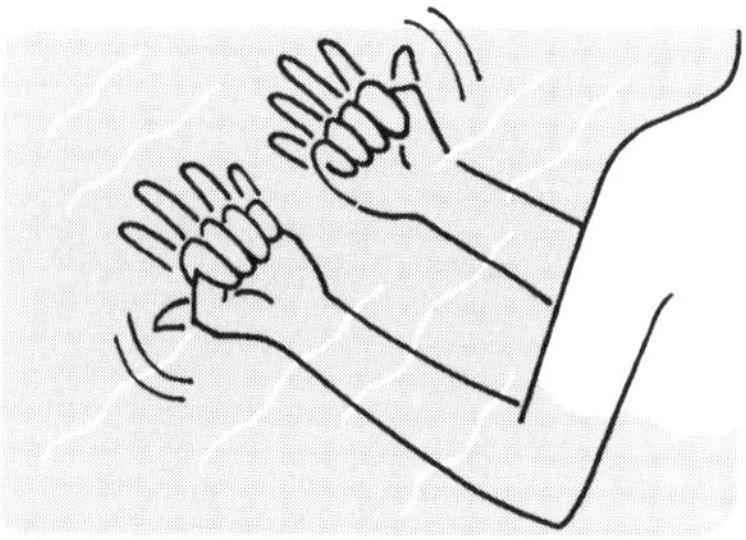

②ゆっくり左右
30回ずつ2セット

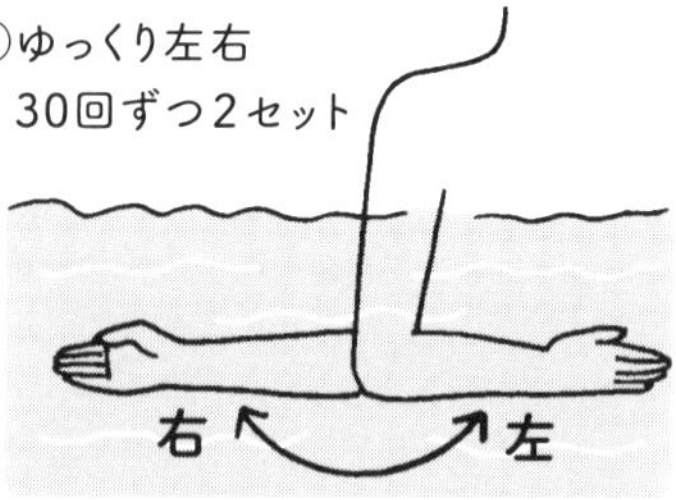

③左右20回ずつを2セット

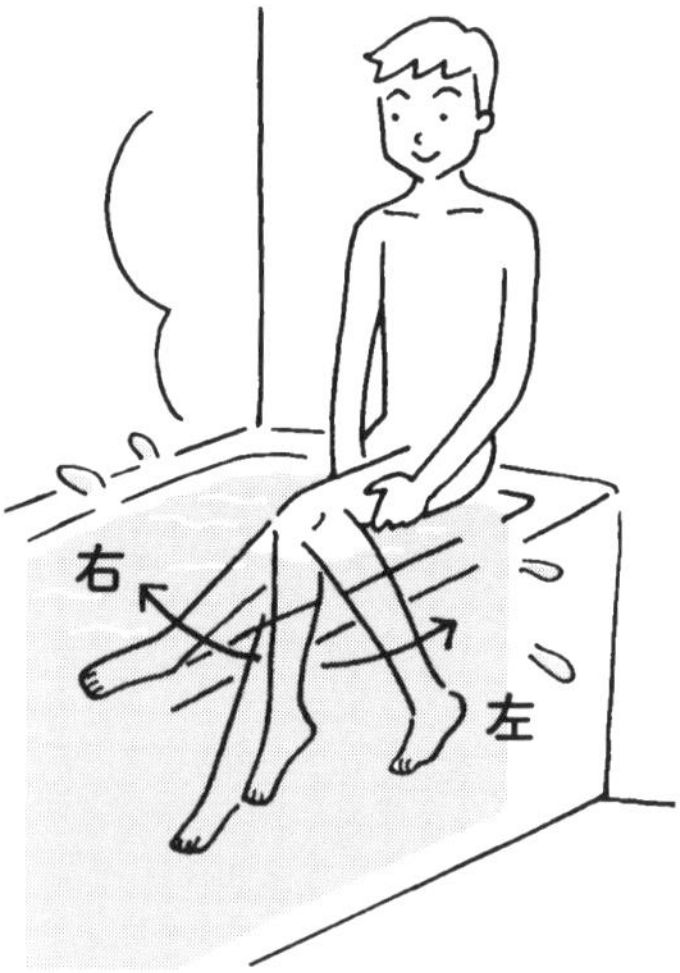

回ずつを2セット行いましょう。

このトレーニングによって股関節の動きが正しく保たれ、下半身のケガ防止につながります。

ケガをした時、連れていくなら整形外科よりスポーツ整形外科へ

転んだり、ぶつけたりしたわけでもないのに、お子さんが身体のどこかが痛いと言ったら、それが筋肉痛だったとしても、まずは病院に連れていきレントゲンは撮るようにしてください。

また、ケガをした時は病院の外科や整形外科、あるいは接骨院などに行かれる方が多いと思いますが、行くのであれば私はスポーツ整形外科をおすすめします。

スポーツ整形外科ならば、ケガを治すだけでなく、ケガを予防するための身体

の動かし方などのアドバイスももらえます。

家の近くにスポーツ整形外科がなくて面倒というご家庭もあるかもしれませんが、とくに肩や肘の痛みはその後のお子さんの野球人生を左右しかねない大きな問題です。

「たかが肩（肘）の痛み」と簡単に捉えず、また自分の知識だけで勝手な判断はせず、きちんと専門医の意見を聞いて対処するようにしてください。

今は医療の進歩により、一昔前なら野球をあきらめざるを得なかったようなケガも治るようになってきました。

ですから仮にお子さんがケガをしたとしても、そこで**「野球はもうできない」とあきらめず、お子さんに合った医療機関を探し、一刻も早く治療にあたっていただきたいと思います。**

一週間に何球くらい投げてもいいのか？
——投げすぎは絶対にダメ！

今まで、私はケガをしたたくさんの小学生のトレーニングに付き合ってきましたが、実感として、小学生がピッチング練習などで1日に投げていい球数はせいぜい50球。それを週に2日か3日、つまり**一週間に投げる球数は多くても150球。これが小学生の限度だと考えています。**

基本的にピッチングはボールを投げないと球速が上がりませんし、コントロールもよくなりません。

でも、だからといって、身体のきちんとできあがっていない小学生にボールを投げさせすぎるのは考えものです。

簡単に説明すると、成長期の小学生の骨はやわらかく、そのやわらかい骨に筋肉がついている状態です。

ぬかるんだ地面に生えている草を抜くのと、乾いた地面の草を抜くのはどちらが簡単でしょうか。当然、ぬかるんだほうですよね。

小学生の骨と筋肉は「ぬかるんだ地面と草」の関係と一緒です。ボールの投げすぎのような過度の負担をかければ、筋肉は簡単に骨からはがれてしまい、大ケガにつながるのです。

また、野球の練習だけで球数を判断するのも危険です。

子供は学校や放課後の遊びでもドッヂボールや野球をしてボールを投げています。そういった遊びでだいたい何球くらい投げているのか、それも把握しておくといいと思います。

その上で、一週間にせいぜい150球を目安にすれば、肩や肘のケガはかなり防げるはずです。

厳選！ 柔軟性を高める＆ケガ防止の簡単ストレッチ

お風呂上がりにするとより効果的な、おすすめのストレッチをいくつか厳選してご紹介します。

❶ 胸郭＆肩甲骨のストレッチ

厚紙を丸めたような状態（ストレッチポールというものも販売されています）にして、その上に寝転んで胸郭の柔軟性を高めるストレッチです。

ポールをタテとヨコにして使うことで、胸郭もタテ、ヨコに広がり、肩甲骨の可動域も自然と広がります。

肩甲骨の可動域が広がればケガの防止にもなりますから、まさに一石二鳥のストレッチです。
肩こりのひどいお父さん、お母さんにもおすすめです！

❷ ヒモとバットを使って肩、肘のストレッチ

ヒモなどを使い、腕の裏側の筋肉を伸ばします。

これはバットを使うことでもできるストレッチです。「気持ちがいい」と感じるところで20秒程度止めてください。

❸ 手首、肘のストレッチ

手首と肘の内側の筋肉を伸ばすストレッチです。ピッチャーをやっている選手にはとくに大切なストレッチです。

いずれのストレッチも、20秒程度を1～2セット行うようにしてください。

コラム

身体を大きくするために、プロテインよりも必要なもの

小・中学生のお子さんをお持ちの保護者の方から「どんな食事を食べさせれば身体が大きくなるんですか？」と聞かれることがよくあります。子供の身体を大きくするということは、身長を伸ばすことがメインとなるので、まずはカルシウムとその吸収力を高めるビタミンDを、その次に筋肉をつけるためにタンパク質を摂取するといいと思います。

成長に欠かせないカルシウムやタンパク質といった栄養分をしっかり摂取するためには、相当厳密な「一日三食」の献立を考えていかなければいけませんが、私はそれぞれのご家庭でそこまで食事にこだわる必要はないと思っています。

肉、魚、野菜などをバランスよく食べていればそれで十分ですし、**一番肝心なのは一日三度の食事で楽しい時間をすごすことです。あまり神経質になりすぎるのはよくありません。**

保護者のみなさんが食事の栄養にばかり気を取られていたら、楽しい食事も楽しくなくなってしまい、それでは子供の食欲も失われてしまうことになりかねません。

ちなみに私は、自分の息子に子供用のプロテインを毎日飲ませていました。この子供用のプロテインは子供でも飲みやすいように味つけがしてあり、カルシウムやタンパク質の他、骨の成長を促すビタミン類も入っていました。

おかげさまで息子は186cmまで成長しましたが、この**プロテインはあくまでも補助的な栄養素ですから、「バランスの取れた三度の食事をしっかり食べる」ことが大前提であることは言うまでもありません。**

あと、うちの息子の成長を見ていて思ったのですが「寝る子は育つ」

は本当です。息子は家では、勉強する時以外はほとんどソファーなどで横になってテレビを見たりしていました。

また、夜の寝ている時（とくに22時から2時の間）に成長ホルモンが分泌されますから、（遅くても）21時～22時には寝る習慣をつけることもとても大切です。

水筒に入れる飲み物は何がいい？
――熱中症にならないための水分補給法

一昔前、私が現役の選手だったころは、「練習中の水分補給はダメ」という時代でした。今はあのころに比べればスポーツ時の水分補給の重要性はだいぶ世間一般に浸透したと思いますが、当たり前のようにスポーツドリンクを飲むのはちょっと間違った認識です。

スポーツをしている時に飲むドリンクは、基本的には水でも、お茶でも、スポーツドリンクでも何でもいいと思います。ただし、甘い炭酸飲料のようなものは逆に喉が渇くだけなのでNGです。

そして、**スポーツドリンクは市販されているものだと濃すぎますから、3分の1くらいに薄めた状態で飲むのがベストです。**

さらに、熱中症などにならないための上手な水分補給の方法をお教えしましょう。それは「喉が渇く前に水分を補給する」ことです。

喉が渇いてから水分を補給すると、どうしても飲む量が多くなります。水分量が多いということは血中の水分量も増えますから、血液が薄くなります。「血液が薄い」ということは栄養分が薄いということですから、筋肉を動かすためのエネルギー源も足りていないことになります。

集中力を保ち、野球がうまくなるための効率よい練習をするには、喉が渇く前に小まめに水分補給をして、心身ともに万全な状態でいることが重要なのです。

丈夫な身体をつくるためには、試合や練習が終わってすぐに食べるのがいい

タンパク質は私たちの身体をつくる材料であり、エネルギー源でもあります。

トレーニングをした後の身体は、タンパク質が不足した状態となっていますから「エネルギー源（タンパク質）をくれー」と身体は叫んでいます。

このタンパク質が不足した状態が長ければ長いほど身体に疲労はたまり、筋肉もダメになっていきます。つまり、トレーニング後に大切なのは「いかにすぐ、タンパク質を摂取するか」なのです。

ニューヨーク・メッツでコーチをしている時、私はメジャー流の栄養

摂取方法に感心しました。

メジャーの各球団は、試合後のロッカールームにバイキング形式の食事を用意しています。洋食、エスニック、中華から和食まで、メニューもバラエティ豊か。試合を終えた選手たちがユニフォームを着たまま、好き勝手に並べられた料理を食べていくのです。

この**「試合直後に食事をする」ということが、身体の疲労を取り、さらには筋肉に栄養を与えることにもなります。**

日本のプロ野球では、試合が終わってウエイトトレーニングをして、マッサージを受けてシャワーを浴びて、そして家に帰ってから食事を取ります。

しかし、これでは身体にとって栄養摂取のタイミングが遅すぎます。

本書をお読みの保護者のみなさんが、お子さんの身体を大きくしたいと考えているのであれば、とにかく「運動直後に少しでもいいからタンパク質を摂取させる」ことを心がけたらいいと思います。

【タンパク質を多く含む食材】

・煮干し　・海苔　・マグロ　・サバ　・鶏肉　・牛肉
・豚肉　・卵　・納豆　など

朝、食欲のない子供には朝カレー

近年、「朝食を食べない子供」が増えていると聞きます。しかし、朝食を食べなければ、午前中の授業を一生懸命受けても、糖分を必要とする脳がちゃんと働いてくれません。

朝食を抜いて昼食を食べると、前の晩の夕食から17時間ほど経ってからの食事となります。胃腸は「早くエネルギー源を補給してくれ」と吸収力が高まっています。

こうなると、本来は脳や筋肉に行くべき栄養が胃腸を動かすためのエネルギーに使われてしまい、昼食をしっかり食べても、脳や筋肉に十分な栄養が行き渡らず、頭も身体も十分なパフォーマンスを発揮することができません。

「そうは言っても、朝は食欲がない……」

そんなお子さんも多いと思いますが、そういった選手たちに私は〝朝カレー〟をおすすめしています。

カレーに含まれる香辛料（スパイス）には漢方で使われる生薬もいっぱい入っているので、食欲増進のほか血流アップや免疫力を高めるなど、さまざまな効能があります。

血流がアップすれば、脳の働きがよくなって集中力も高まります。

「今日は公式戦の負けられない大一番」。そんな日の朝食にも、カレーはおすすめなのです。

朝カレーは新陳代謝をあげることから、女性のダイエットにもピッタリと言われています。

身体にいいことばかりの〝朝カレー〟。ぜひとも、親子で試してみてください！

第5章

ワンポイントアドバイスで、能力アップをサポートしよう!

野球に必要なのはパワーよりも技術

みなさんご存じのように、スポーツにはいろんな種目があり、それぞれの種目によって求められる筋力、いわば〝パワー〟というものが異なってきます。

例えば短距離競争なら瞬発力が必要ですし、マラソンなら持久力が必要になってきます。ウエイトリフティングであれば、重いものを持ち上げる圧倒的な筋力が必要となってくるでしょう。

スポーツには、こういった〝パワーが大切〟な種目がたくさんありますが、それらのスポーツと比べて野球はどうでしょうか？

野球は持久力がなくても、重いものを持ち上げる圧倒的なパワーがなくてもできます。ということはどういうことか？

つまり、**野球は〝パワー〟ではなく、〝技術〟の要素がとても高いスポーツだといえるのです。**

野球のような球技、さらに野球やゴルフのように道具を使ってプレーするスポーツは、総じて技術の要素が高いといえます。そしてその**〝技術〟を伸ばすためには、頭で思い描いた通りに自分の身体を動かす能力（この能力のことを〝巧緻《こうち》性《せい》〟といいます）が必要です。**

この巧緻性を高めるには、反射神経を含めた〝神経系〟を小学生のうちにしっかりと発達させておくことが重要となってきます。

巧緻性を高めるには、とにかくいろんなスポーツを経験させることが大切

スポーツ医学の世界では、10歳前後が「運動にかかわる〝神経系〟のもっとも

発達する時期」とされており、これは医学用語で「ゴールデンエイジ」と呼ばれています。

この時期、運動神経を発達させるためには、野球だけでなく、いろんなスポーツを経験することが大切です。

つまり**ゴールデンエイジに、いかに多くのスポーツを経験するか。それがその子の運動神経の形成に大きくかかわってくるのです。**

アメリカでは春から夏は野球、夏から秋はバスケット、冬はアメリカンフットボールといった具合にそれぞれのスポーツを行う時期が異なっているので、三つ、四つのスポーツに取り組んでいる小学生もたくさんいます。

ただ、日本にはそのような文化、習慣はありませんから、野球もやってサッカーもやってバスケもやって、というわけにはなかなかいきません。

でも、基本的に10歳前後の時期にいろんなスポーツを経験させたほうがいいのは、科学的に立証されている事実ですから、何とか工夫をしていろんなスポーツをお子さんに経験させてあげてください（ロサンゼルス・ドジャースで活躍中の前田健太投手は小学生の時、野球の他にサッカーと水泳をやっていたそうですが、その他にも、複数の競技を同時にやっていたという一流のプロ野球選手は非常に多いです）。

土・日曜に野球の練習をしているなら、平日に水泳、体操など他のスポーツをやらせてあげるといいのではないでしょうか。

ゴールデンエイジの時期に巧緻性を高めておけば、中学、高校になって高度な技術が求められるようになってからも、自分の実力をさらに伸ばすことが可能となります。

ですから、10歳前後の時期に子供にいろんなスポーツをやらせるにしても、親は決してうまい、下手で判断しないで、いろんなスポーツにチャレンジさせてあげるべきなのです（とくに小学校低学年のうちは）。

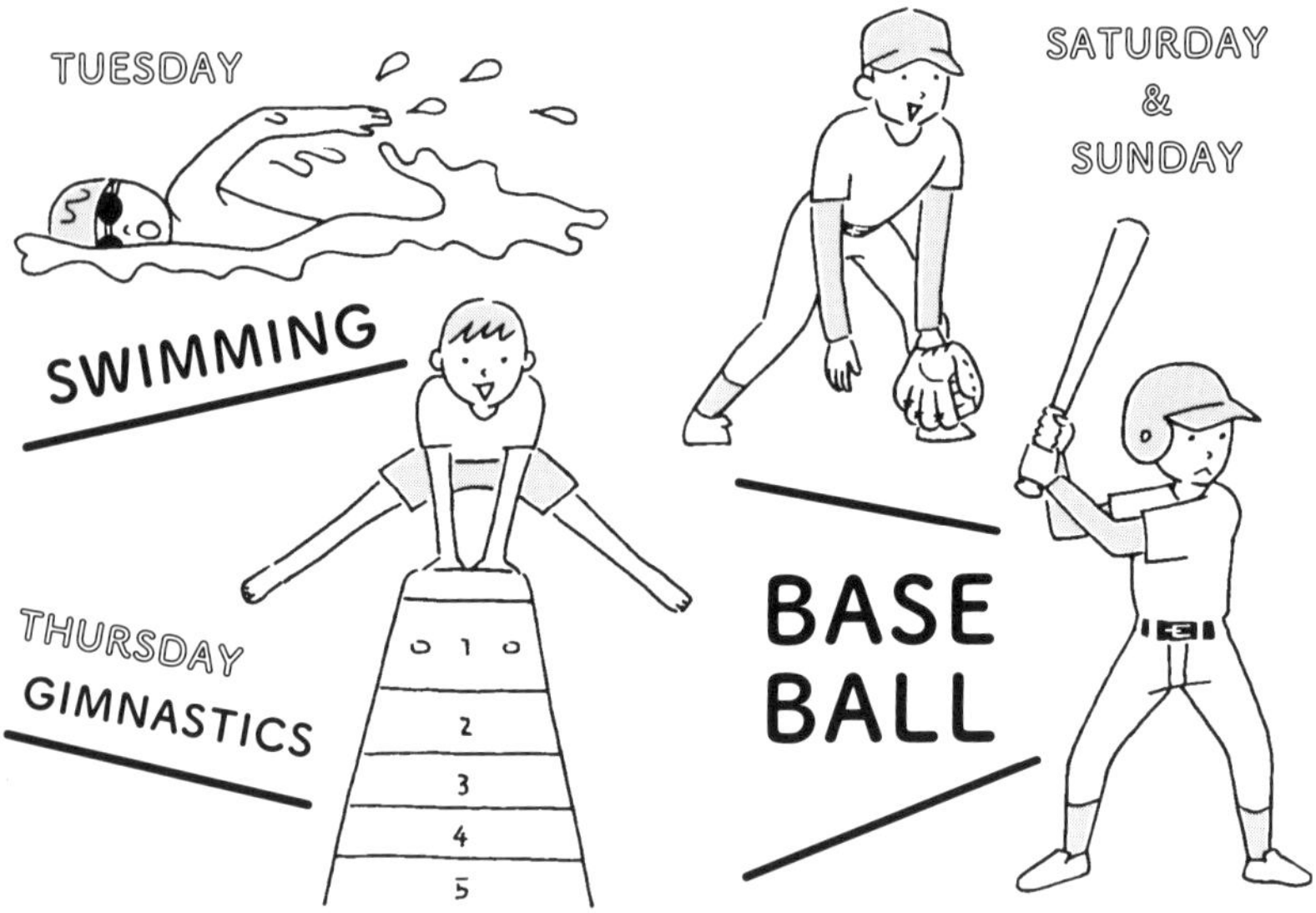
TUESDAY
SWIMMING
THURSDAY
GIMNASTICS
0 1 0
2
3
4
5
SATURDAY
&
SUNDAY
BASE
BALL

正しい投げ方も時代とともに変わっている

スポーツ医学の発展とともに、身体を正しく機能させるための動き方といったものが、野球界のみならず、さまざまな競技で科学的に解明されてきています。ピッチャーの投球フォームにしても、私が子供だったころはボールを一度センター側に向けてから投げるのが正しい投球フォームとされていました（L字型フォームといいます）。

このL字型フォームは肘や肩への負担の少ない投げ方なので、確かに正しい投げ方なのですが、今はこのL字型よりもM字型の投げ方のほうが正しい投球フォームの主流となっています。

M字型はテークバックが小さくなり、ボールをバッターから見えにくくする効

M字型
L字型

果があります。

しかし、その一方で、ムチがしなるような動き（伸張反射）となるため、L字型よりも速いボールが投げられますが、肘、肩への負担は大きくなります。

お子さんの投げ方がM字型なのであれば、ケガを防ぐ上でも投げすぎには十分注意するようにしてください（とくに速いボールを投げる子の場合）。

家の中で遊びながらコントロールをよくする
――パラボリックスロー

講演などで全国をめぐっていると、少年野球の指導者や保護者のみなさんから「立花さん、コントロールをよくするにはどうしたらいいんですか？」という質問を本当によく受けます。

私が最近、みなさんにおすすめしているのは、運動会の〝玉入れ〟のように遊び感覚で楽しめる「パラボリックスロー」というトレーニングです。

これは、筑波大学の研究者で運動動作解析の第一人者とも言われる川村卓先生が、**コントロールをよくするために開発したもので、10メートルほど離れた位置にゴミ箱を置き、そこにボールを投げ入れるトレーニングです。**

ご家庭でやるには3〜4メートル程度の距離で十分だと思いますので、離れたところにゴミ箱などを置き、そこにやわらかいボール（新聞紙を丸めたものなどでも十分です）を投げ入れていくようにしましょう。

このトレーニングは、親子で遊び感覚で楽しんでほしいと思います。玩具で壁かけのバスケットゴールなどが販売されていますが、あれでもいいと思います。日によってゴミ箱の距離を多少変えたり、ボールの大きさを変えたりするとさらに効果的ですので、ぜひお試しください。

NICE
CONTROL!

シャドウピッチングは、バドミントンのラケットを使ってやろう

昔、私が子供だったころは家の近所、そこらじゅうに壁当てのできる場所があり、ひとりでもボールを投げて遊ぶことができました。

しかし、今は壁当てなどできる場所はほとんどありませんし（とくに都心部）、「ボール遊び禁止」の公園も多いと聞きます。

そんな環境の中で、正しい投げ方を身につけるために有効なのが〝シャドウピッチング〟と呼ばれる練習です。

昔はシャドウピッチングといえば、タオルを手に持って行っていましたが、私は必ずしもタオルにこだわる必要はないと思っています。

私がおすすめしたいシャドウピッチングの道具は、バドミントンのラケットで

す（最適なのは柄の部分の短いオモチャのようなラケット）。

バドミントンのラケットの振り抜き方。実はこれが正しい投球フォームをつくる上でとても理に適っています。

手の平を正面に向けてラケットを振り抜こうとすれば、当然のことながらラケットが後頭部に当たり、スムーズに振り抜けません。

ラケットを頭に当てないようするには、小指の側から手を振り抜く必要があり、実はこの動きこそが、正しい投げ方なのです。

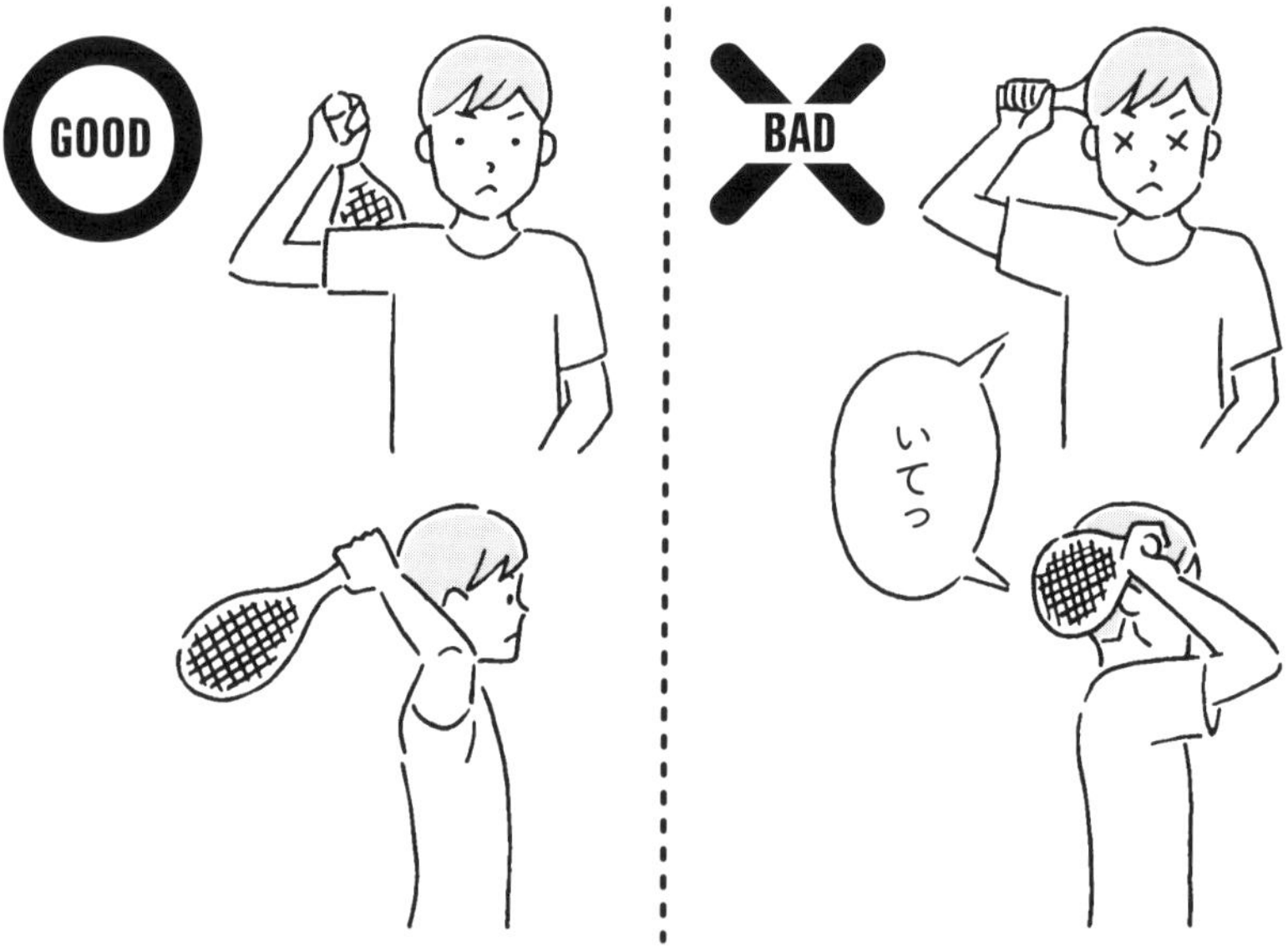
GOOD
BAD
いてっ

サイドスローは無理に矯正することはない

キャッチボールする時の投球フォームはいわゆる〝オーバースロー〟が基本ですが、小学生の中にはサイドスローやスリークォーターになっている選手も多く見かけます。

投げ方がサイドスローになっていると、何でもかんでもオーバースローに矯正しようとする指導者もいるようですが、身体の回転に対して肘の位置が正しくなっていれば私はそのままでいいと思います。

身体の回転軸が斜めであれば、腕の振り（肘の位置）はオーバースローになり、回転軸が水平（横）であれば、腕の振りはスリークォーター、もしくはサイドスローとなります。

サイドスローを直さなければならないとしたら、それは肘の位置が肩のラインより下にある時です。

このような状態で投げ続けていると、肘に負担がかかり、ケガをすることになります。もし、肩のラインより肘が下がっているようなら、肘を上げて（肩のラインと同等）投げるように指導してください。

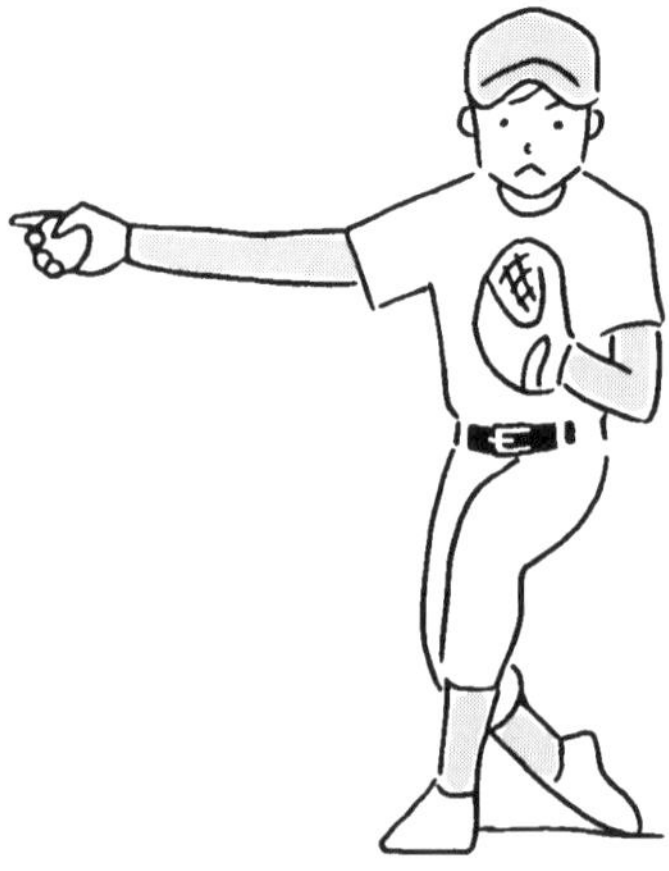

簡単！
投球フォームのチェックポイント

続いて、お子さんがピッチャーをしている親御さん向けに、投球フォームのチェックポイントを四つあげてみたいと思います。

シャドウピッチングをしている時、まずは目標に向かって足をまっすぐに踏み出しているかどうかをチェックしてください。

さらに、第4章でちょっと触れましたが、足が着地した瞬間、次のイラストのように両肩の延長線上に肘が来ているかどうかを見ます。この時、**肘の位置が下がっていたらそれはケガのもととなりますので、肘が肩と水平のラインに来るよう修正しましょう。**

また、投げ終わりに軸足（右投げなら右足）の足の裏が上を向いているかどう

GOOD
GOOD

かも見てください。

イラストのように**足の裏が上を向いていれば、股関節がうまく回転している証拠です。上を向いていなければ、上に向くようにフォームを修正してください。**

さらに、投げ終わった瞬間には、次のページのイラストのように小指が上方向に向きます。**ボールを投げる時、手の平が正面を向くのはほんの一瞬で、肘から手首にかけては「内側にひねる」動きになります。その結果、ボールをリリースした後は小指が上方向を向くのです。**

この動きは実際に見てもわからないかもしれないので、ビデオカメラで動画を撮るなどしてチェックするといいでしょう。

GOOD

重いバットで力をつけるのではなく、軽いバットを速く振る

少年野球の試合を見ていると、体格に似合わない大きなバット（重いバット）を使っている選手がたまにいます。

関係者に話を聞くと「子供にパワーをつけさせる」ために、あえて重いバットを親が使わせているのだと言います。

しかし、子供の筋力が伸びていくのは16歳以降ですから、**小学生に重いバットを使わせるのはまったく意味がないばかりか、逆に変なスイングが身についてしまったり、あるいは手首を痛めたりするデメリットのほうが多いのです。**

反射神経も含めた〝神経系〟の働きが飛躍的に伸びる10歳前後までは、とにかく軽いバットを使い、「バットを速く振る」ことを徹底させることが大切です。

重
軽

フルスイングの感覚、さらにスイングしながらバットをコントロールする感覚を身体で覚えるには、10歳前後までが最適ですから、間違ってもお子さんに重いバットを使わせたりしないでください。

スポーツショップに行けば、スタッフがお子さんの年齢、体格にあったバットを教えてくれるはずです。そこで実際にバットを握ってみて、一番軽く感じられるバットを購入するといいと思います。

バッティングの〝いい構え〟は、トップでバットの角度が45度

バッターがバッティングで投手側の足を踏み込んだ時（これを野球用語で「トップの位置」といいます）、バットの角度はイラストのように45度になるのが理想とされています。

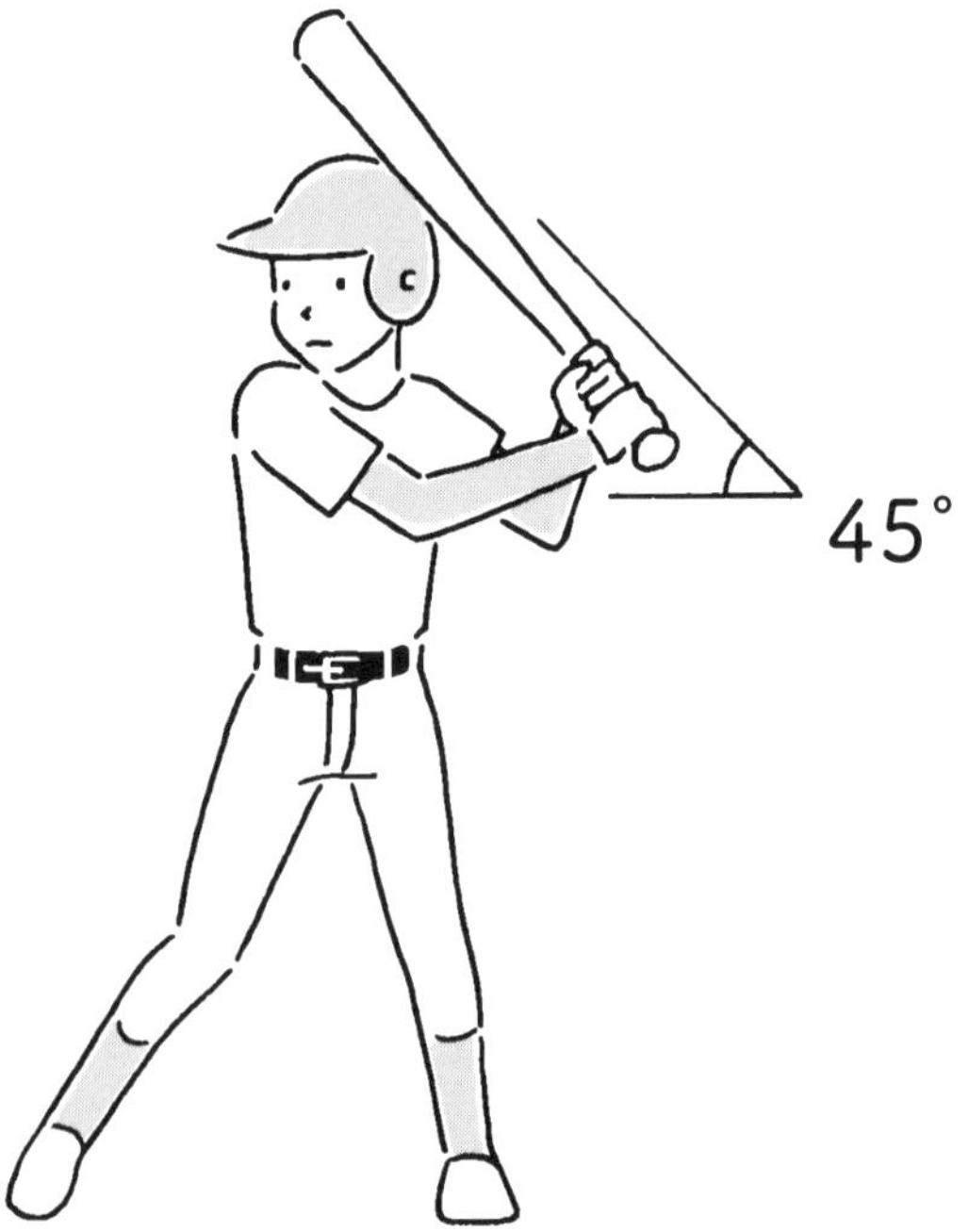
45°

トップの位置に入った時、両肩は平行でバットの角度が45度。プロ野球界でも一流と呼ばれるバッターの70～80%が「バットの角度が45度」になっています。

お子さんが素振りをしている時、トップの位置のバットの角度が45度になっているかどうかチェックしてみてください。

子供の場合、腕の力がありませんから、どうしてもバットの角度が0度に近くなってしまうものです（野球用語で「ヘッドが入りすぎている」といいます）。

そんな時は手取り足取り、「バットの角度はこうなっているのがいいんだよ」「45度はここだよ」と何度も何度も教えてあげればいいと思います。

レベルスイングになっているかどうかの簡単チェック方法

小学生のバッティングを見ていると、よく極端にダウンスイングになってしまっている選手がいることに気づきます。

ピッチャーの投げるボールは、基本的に水平（そこからやや垂れてくる）ですから、そんなやや垂れたボールを上から打とうとしてもなかなかバットには当たりません。

水平に来ているボールに対応するには、バットも水平に振る必要があります。だからバッティングの基本は〝レベルスイング〟だといわれるのです。

お子さんが素振りをしている時、そのスイングが地面と水平になっているか（レベルスイングになっているか）を確認してあげてください。

一番のチェックポイントは、イラストのようにバットを振り始めて、肘が脇腹についた時です。この時にイラスト○のようにバットが地面に平行（もしくはバットのヘッドがちょっとだけ立っている状態）になっていればＯＫですし、イラスト×のようにバットのヘッドが下がっていたら修正が必要です。

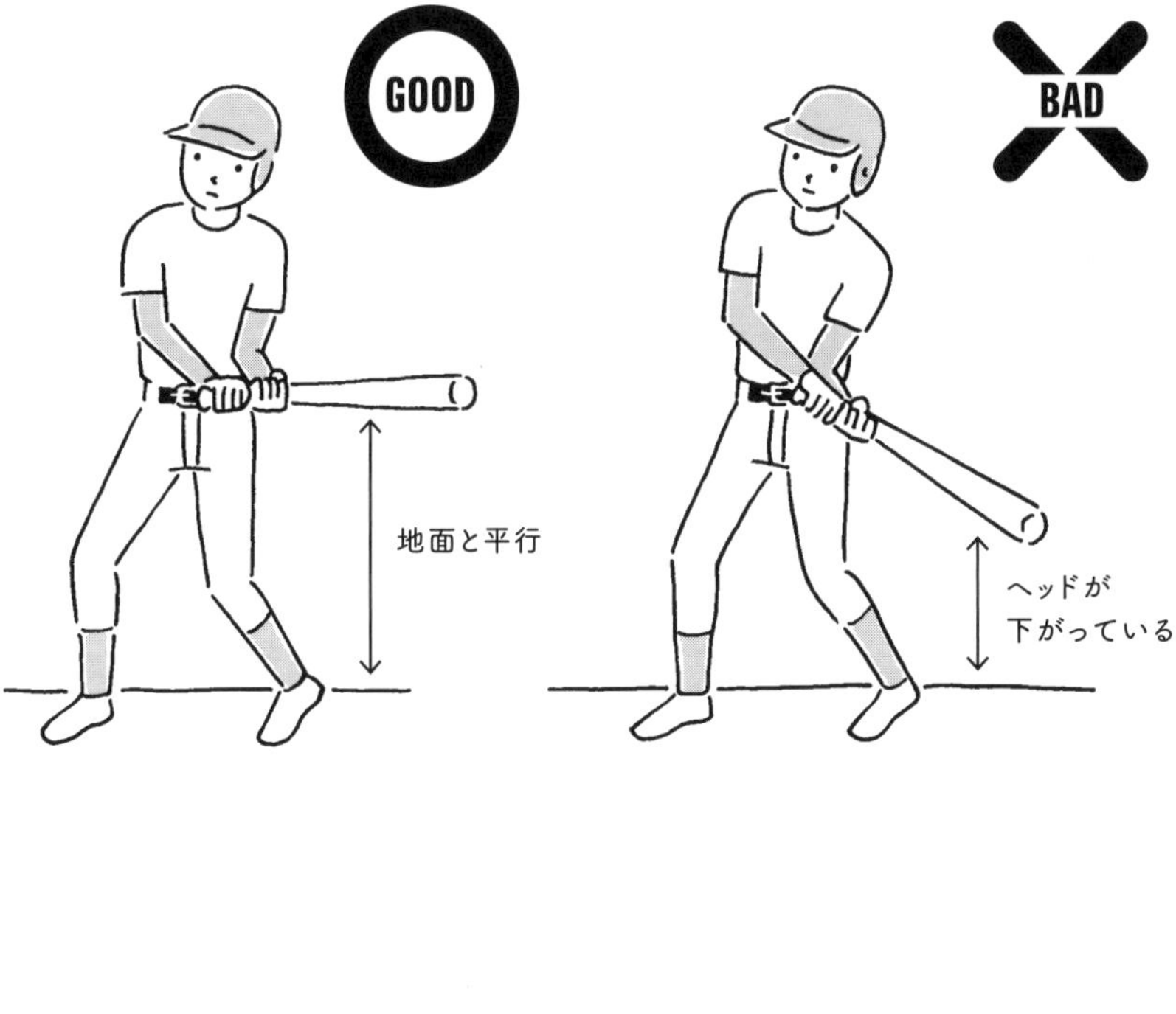
GOOD
地面と平行
BAD
ヘッドが
下がっている

第6章

野球少年たちの将来のために、まずは大人が変わろう！

野球人口を増やしていくために、まずは大人が変わらなければいけない

以前、ある町の教育機関から講演の依頼がありました。聞くと、その町ではスポーツ少年団に登録している小学生が900人ほどいるのですが、うち700人が各地域のサッカー部に所属しており、少年野球チームの部員数は減る一方。

講演を依頼してきた担当者が言うには、野球部員数が減っている大きな理由として「時代遅れともいえる昔ながらの指導が、ひとつ、ふたつのチームではなく、地域全体で行われている」ことが考えられるとおっしゃっていました。

「立花さん、これからの時代にふさわしい〝子供が野球を大好きになる〟ための指導法を講演してもらえませんか?」

私は二つ返事でその町へ赴き、少年少女たちに野球を教える指導者のみなさん

を前にして、「野球を楽しむ」ことの大切さ、そしてどのような指導法がよいのかをお話ししました。

少子化に加え、スポーツの選択肢もかつてないほど多岐に渡っていることから、今後、野球人口を劇的に増やすことは難しいかもしれません。

しかし、減少を抑える、あるいはちょっとずつ競技人口を増やしていくことはきっとできるはずです。

そのためには、**指導者がまずそのやり方を改めていかなければなりませんし、保護者である親もまた変わっていかないといけません。**

「楽しい野球をして、野球人口をみんなの力で増やしていきましょう」

そんな危機感も、本書を記すことになった大きな動機のひとつなのです。

親が監督（指導者）に言っていいこと、悪いこと

近年の親子の接し方を見ていると、子供が可愛いあまり、〝過保護〟になってしまっているパターンが増えているように感じます。

少年野球チームでも、子供の感じている不満を親がかわりに指導者に言ってきたりすることもあるそうです。不満の内容にもよりますが、何でもかんでも親が前面に出ていくのはちょっとやりすぎではないでしょうか。

例えば、チームの方針とお子さんの考えが異なっていたとします。

そんな時、親であれば「いいんだよ、お前の考えが正しいよ」と言ってあげたくなるかもしれませんが、私はこういった場合、判断はお子さん自身にさせるべきだと思っています。

お子さんの考えを聞いた上で「そうか。お前の考え方はわかった。これからどうするか、それはお前が決めるんだよ」と言ってあげてください。**子供が道に迷いそうな時、手を差し伸べるのは親の務めです。しかし、何でもかんでも親が選択するのはあまりに〝過保護〟です。**

時には、「お前が判断しなさい」と突き放すことも、その子の将来を考えれば必要なのです。

お子さんがチームに不満を抱えていたとして、それをすべて監督やコーチにぶつけていたら、それこそ〝モンスターペアレント〟になってしまいます。

選手の起用法や采配に関して文句を言う親もいると聞きますが、そんなのはもってのほか。

暴力を振るう指導者、怒鳴ってばかりの指導者、あるいは肩や肘が痛いと言っているのに連投させる指導者などの場合は、親として一言言ってもいいかもしれませんが、選手の起用法、あるいは采配にまで文句を言い出したらキリがありません。

少年野球チームのみならず、ある一定数の親、子供が集まった集団には、多かれ少なかれ、何かしら内部の〝問題〟が生じるものです。

でも、**少年野球でまず優先すべきは〝子供たちの思い〟です。主役は親ではなく、選手たちです。**

それをしっかりと理解していれば、自然と答えは導き出されてくるはずです。

そしてその上で、グラウンドでは保護者のみなさんになるべく笑顔でいていただきたいと願っています。

柵越えホームランを経験できる少年野球専用球場を増やそう

野球文化がしっかり根づいているアメリカには、それぞれの街にひとつと言っていいくらい、少年野球専用の球場がありました。

少年野球専用のグラウンドは日本にもたくさんありますが、外野のフェンスなども少年野球サイズで造られた子供専用の球場となると、その数はぐっと少なくなります。

野球をプレーしながら感じる快感はいくつもありますが、ピッチャーなら「三振を取る」、バッターなら「ホームランを打つ」ことがその最たるものといえるでしょう。

日本では硬式のリトルリーグなどだと柵越えホームランも経験できますが、軟式の少年野球ではランニングホームランはあっても、なかなか柵越えホームランは経験できません。

柵越えホームランを打ち、ダイヤモンドをゆっくりと一周する。これはホームランを打った者だけが経験できる、バッターにとって最高の快感です。

一度柵越えホームランの快感を味わったバッターは「またホームランが打ちたい」と懸命に練習をします。

少子化に加え、選択肢の多様化によって少年野球のプレーヤー数は減り続けて

HOMERUN!!
ヤッター!!

います。野球界の裾野の人口を増やす上でも、**野球の最大の魅力といってもいい“柵越えホームラン”を経験できる球場（グラウンド）を、もっと増やしていくべきなのではないでしょうか。**

現代野球では、右投げ左打ちは時代遅れ

かつて好打者と呼ばれた篠塚和典さん（元読売ジャイアンツ）や強打者・掛布雅之さん（現阪神タイガース二軍監督）が右投げ左打ちだったからでしょうか。それ以降も、徐々に右投げ左打ちの選手がプロ野球界でも増え続け、イチロー選手（マイアミ・マーリンズ）や松井秀喜さん（元ニューヨーク・ヤンキース）、前田智徳さん（元広島東洋カープ）といった強打者が活躍しました。

その後も阿部慎之助選手（読売ジャイアンツ）、青木宣親選手（シアトル・マ

リナーズ）、糸井嘉男選手（オリックス・バファローズ）、筒香嘉智選手（横浜DeNAベイスターズ）、さらには2015年に3割30本30盗塁のトリプルスリーを達成した柳田悠岐選手（福岡ソフトバンクホークス）、二刀流の大谷翔平選手（北海道日本ハムファイターズ）など、多くの〝右投げ左打ち〟選手がそのバッティングでファンを魅了しています。

右利きなのに左打ちになる理由には、いろいろあると思います。「憧れのプロ野球選手が左打ちだったから」という選手もきっと多いでしょう。

また、野球はベースを左回りに回っていくため、左打者のほうが一塁に近く、右打者より圧倒的に有利です。出塁率を上げるために、左打ちに転向した選手もいたかもしれません。

しかし、**今、〝右投げ左打ち〟の選手が増えてしまったため、高校野球からプロ野球まで、幅広い世代において〝右の強打者不足〟が問題となっています。**

プロ野球界を見ても、左の好打者が増えたため、左ピッチャーが重宝されています。右vs右、左vs左はピッチャーが有利と言われているからです。

そう考えると、これからは右打者が求められる、あるいは重宝される時代になっていくような気がします。

私の知り合いにも「親に左で打てと言われ、気づいたら左打ちになっていた」という人がいます。でもこれからの時代は、右利きなら右打ち、左利きなら左打ちの〝ナチュラル思考〟が一番いいのではないでしょうか。

右利きの子供が「俺は左で打ちたいんだ！」と熱烈に希望するならしょうがありませんが、その際もどうせならスイッチヒッター（両打ち）を目指してほしいと思います。

キューバの少年野球では、子供たちを右、左、両方で打たせます。だからスイッチの強打者が多いのです。

基本的には**子供の右利き、左利きにあわせ、打ち方も自然に選択する。左打ちだけでなく、どうせならスイッチヒッターを目指す。**それがこれからの時代にもっともふさわしく、野球界全体を活性化させる選択なのだと思います。

少年時代→高校で…
オレも憧れの右投げ…
左打ちになるぞ!!
オレ右投げ左打ちお前は？
オレもっス
オレも
オレも

トーナメント戦ではなく、リーグ戦を広めよう

夏、甲子園で行われる高校野球の「全国高等学校野球選手権大会」。２０１５年で１００周年を迎えたこの大会が、日本球界の発展に大きく貢献してきたのは疑う余地のないところです。

ただ、私は夏の甲子園に代表される〝トーナメント戦方式〟の戦い方には昔から疑問を感じています。

トーナメント戦は「一度負けたら、それで終わり」です。リーグ戦のように、一度負けても次があるわけではありません。

夏の高校野球では、各地方予選の段階から「一度負けたら終わり」の戦いが続きます。日程もハードです。好投手が２～３人いるチームならいいですが、その

ようなチームはまれで、エースひとりで投げ勝って甲子園に出場してくるチームがほとんどです。

　地方大会の疲れも癒せぬまま、あるいは炎症などのケガが完治しないままに甲子園の１回戦が始まってしまい、その実力を出しきれずに去っていくピッチャーも決して珍しくはありません。

「全国大会出場」「全国制覇」。

そのような大きな目標を持つことは大事です。それは私も十分理解しています。でも、ハードスケジュールをこなすために、今までどれだけの選手が身体に無理をしてプレーしてきたか。そのために、いったい何人の選手が肩や肘を壊し、野球をあきらめなければならなくなったか。

それをよく考えてほしいと思うのです。

　実はこの私も、中学時代にピッチャーとして投げすぎ、肩を壊した経験があります（当時の私は、ボーイズリーグの日本代表にも選ばれていたので）。

　その後、高校、大学と野球を続けましたが、肩のケガが癒えることはなく、私は野球をあきらめ、選手たちの心身のケア、サポートをしていく道を選びました。

最近の少年野球は、リーグ戦も増えてきていると聞きます。

「一度負けても次がある」「スケジュールにも余裕がある」というリーグ戦のシステムが、もっと増えていくことを願うばかりです。

低学年にバントは不要！
高学年になったら犠牲バントの大切さも教える

私が少年野球チームでプレーしていたころは、送りバントやスクイズといった小技を使うチームはあまりありませんでした。

しかし今は、小学校低学年のチームでも、バントをしているシーンをよく見かけます。

私は小さな子供たちがバントをしているシーンを見るたびに「少年野球（とく

に低学年）は、バントなどしないでとにかくフルスイングで積極的に打っていけばいいのになあ」と感じています。

「フルスイングで打球を遠くに飛ばす」

これが野球の最大の魅力といってもいいでしょう。

バントなどの技術は中学、高校になってからいくらでも磨けますが、**フルスイングするための正しい身体の動かし方やバットを扱う感覚は、低学年のうちにしっかり身につけておくべきことなのです。**

ただ、小学校高学年になってきたら、チームの方針（バントをする、しない）は別にして「犠牲バントやスクイズの大切さ」は子供に教えていくべきだとも思います。

ランナーが二塁、三塁とホームに近ければ近いほど得点できる確率は高まります。**チームとして勝つためには、打ちたいのを我慢して誰かがバントでランナーを進塁させることも大切です。**

バントの練習はあまり楽しいものではありませんが、飽きがこないように途中から野球盤形式の「バントゲーム」にするのもおすすめです。ゲームの野球版のように「ここに転がったらヒット」「ここはホームラン」などと地面に印をつけて遊ぶのです。

もしお子さんが「試合でバントなんてヤダー」と言ったら、「その気持ちはわかるけどね」と言ってから、バントの大切さを教えてあげてください。チームが勝つためには、時にバントも必要なのだとやさしく教えてあげてください。

そしてもし、お子さんが試合中にバントをして成功したら、ヒットを打った時と同じか、あるいはそれ以上にほめてあげるといいと思います。

お子さんが将来社会に出て、組織の中で働くようになれば、バントをするかのように誰かのサポートをする時が必ずやってきます。

そんな社会のシステムを理解させる上でも、バントの大切さを教えるのはいいことではないでしょうか。

たくさんの学びを子供にも大人にも与えてくれる、野球という素晴らしいスポーツを、親子で大いに楽しんでほしいと思います。

おわりに

プロ野球のコーチをしていたころ、所属していたチームの選手たちに野球を始めたきっかけを聞いてみたことがあります。

一番多かったのが「父親が草野球をしていて、グラウンドに連れられて遊んでいるうちに野球が好きなった」「父親が楽しそうに野球をしていて興味を持った」というものでした。

本書では「いかに子供を野球好きにするか」について語ってきましたが、プロ野球選手たちが経験してきたように、親自身が子供に「野球を楽しんでいる姿」を見せるのもとても大切なことです。

息子が少年野球を始めた当初、私は自分のグローブを磨いている姿を息子に見せました。「おい、グローブをちゃんと磨けよ」と息子に言うより、親である自分がグローブを磨いたほうが説得力があると思ったのです。
するとやはり案の定、息子もグローブを磨き始め、それからは私が何も言わなくても、グローブを磨くようになりました。

私は野球に関すること以外でも、「親が何かに真剣に取り組む姿」を子供に見せるのはとても大切なことだと感じています。

千葉ロッテマリーンズを退団してから、私はコーチングの勉強を一からしっかりとやるために筑波大学大学院入学を目指しました。

「一年半後に入学試験を受ける」と目標を設定し、勉強を始めました。恥ずかしい話ですが、人生で初めて単語帳をつくりました。家でも、あえて子供たちの目の前で勉強を続けました。

一年半後、一生懸命に勉強した甲斐があって、筑波大学大学院に無事合格することができました。私はその時、子供たちの前で大喜びしました。親が勉強している姿だけではなく、合格して喜んでいる姿も子供たちに見せておいたほうが絶対にいいと思ったからです。

今の世の中には「勉強しなさい！」とやかましいくらいに子供に言う親はいても、自分自身が一生懸命勉強している姿を見せる親はほとんどいないと思います。

でも、子供に対して一番説得力があるのは「親自身が何かに真剣に取り組む姿」を見せることです。

本書では、親子で野球を楽しんでもらうための私なりの考えを述べさせていただきましたが、本当にお子さんに野球を楽しんでほしいのなら、まずは親であるみなさんが野球を楽しんでください。

子供は親の真剣な姿を見て、あるいは何かに打ち込んだり、楽しんだりしている姿を見て、何かを感じ、何かに気づきます。

すぐにその効果は表れないかもしれませんが、子供の心は確実に変化していきます。親はその変化が表れるのを慌てることなく、じっくりと待ってあげればいいのです。

そう考えると、野球は子供だけではなく、親をも成長させてくれるスポーツといえるでしょう。

どうか、親子で野球を存分に楽しんでください。そうすれば、お子さんが大人になった時、自分の子供にも野球をやらせたいと思ってくれるはずです。ひとりでも多くの子供たちが、野球を心の底から楽しみ、一日も長く、野球を続けてくれることを願いながら……。

2016年7月

立花龍司

野球少年のやる気と能力を
最大限に引き出す
魔法のアドバイス

2016年7月8日　初版第一刷発行
2019年10月25日　初版第三刷発行

著　　者／立花龍司

発 行 人／後藤明信
発 行 所／株式会社竹書房
〒102-0072　東京都千代田区飯田橋2-7-3
03-3264-1576（代表）　03-3234-6208（編集）
URL　http://www.takeshobo.co.jp

印 刷 所／共同印刷株式会社

カバー・本文デザイン／轡田昭彦＋坪井朋子
カバー写真／©Manzo Niikura/orion/amanaimages
イラスト／にしだきょうこ
構　　成／萩原晴一郎

編 集 人／鈴木誠

Printed in Japan 2019

ISBN978-4-8019-0782-9